宣伝会議書籍編集部編

名作コピーの時間

まえがき

『名作コピーの時間』を手に取っていただき、ありがとうございます。

本書は、クリエイティブの専門誌『ブレーン』で2008年から続く連載を、同誌の700号を記念して再編成し、一冊にまとめたものです。

本書に原稿を寄せていただいた約120名のコピーライターのみなさんは、新人賞を受賞したばかりの方から、コピーの歴史を作ってきた大ベテランの方まで、幅広い世代にわたっています。それぞれの執筆者の、影響を受けたコピーやコピーに対する思いは、一見するとバラバラのようにも見えます。しかし、一冊を通してみると、いつの時代も変わらない、コピーライターにとっての「芯」のようなものが見えてくるのでははないかと思います。

連載が続いた10年の間に、広告やコピーをめぐる環境は大きく変わりました。ことばが以前ほど大きな力を持たなくなっている、という話を聞くこともしばしばあります。しかし本書は過去の名作コピーを懐古し、「昔はよかった」とノスタルジーに浸るためのものではありません。その逆に、今ここの時代における、広告とコピーの力を再発見することを目指しています。本書が、これから新しいものを世に生み出そうとしている方の、背中を押すことができれば幸いです。

宣伝会議　書籍編集部

Contents

目次

Contents

目次

Contents

目次

Contents

目次

私の愛した名作コピー

一倉宏

光栄にも連載トップバッターということですが、このテーマは悩みますね。数えきれない名作コピーの中から、「史的」にも「私的」にも意義深く、ぜひコメントしてみたいと思うものを選びました。

1970年は大阪万博の年、最後の「安保」の年、そして私の個人史では高校入学の年です。いまも鮮烈な印象のCM「モーレツからビューティフルへ」。もしも、広告のコピーが時代を先導するメッセージになりうるとしたら。自由の女神かジャンヌ・ダルクのように、ことばの旗を打ち立てられるとしたら。鳥肌が立つではありませんか。私は当時の一少年として、その予感に身を震わせたのです。

このメッセージには、なんとなくアメリカ西海岸風の、リベラルでフリーでロックンロールな、そして今で言うロハスな匂いもします。このメッセージがたいへん魅力的で、時代の「希望」を言い当てていたのは事実ですが、しかしその後の歴史はとても「ビューティフル」へ向かったとは思えません。沖縄は本土復帰し、ベトナム戦争は終結しても。その後に団塊の世代

モーレツからビューティフルへ

富士ゼロックス○アイディア+C／古川英昭、黒沢昭文

想像力と数百円

新潮社 新潮文庫○CD+C／糸井重里

服を脱がせると、
死んでしまいました。

ワールド○C／仲畑貴志

や私たちが経験した、いや、つくってきた当事者としての「時代」は。泡がはじけ飛んでもまだ、性懲りもなく「金まみれ」な時代と言わざるを得ないでしょう。

糸井さんと仲畑さんの2つのコピーは、すでにコピーライターになっていた私が、衝撃を受けたもの。新潮文庫のこのタグラインは、なんだかアインシュタインの方程式のように完璧なものに、私には思えます。エレガントで美しく、そして永遠のように大きい。

また、仲畑さんのこのコピーは、私にとって鋭く痛い思い出のあるものです。その頃私は、売り出し中のコピーライターとして、つまりちょっと、自分の「新しさ」に自負するところがありました。そんなある日、このコピーに出会い「しまった、凄い才能が現れたぞ！」と打ちのめされてしまったのです。それが、じつは仲畑さんの作品だと知って。それで「救われた」思いにぜんぜんならないことは、感受性豊かな若い読者には、きっと理解していただけるでしょう。

いちくら・ひろし　1955年生まれ。筑波大学卒業後、サントリー株式会社に入社。宣伝部制作室にコピーライターとして勤務。その後、仲畑広告制作所を経て、一倉広告制作所を設立。東京コピーライターズクラブ副会長。

名作を自分のものにするプロセス

岡本欣也

コピーをつくることとは、マネをすることだと思う。少なくともボクの場合は、そのほとんどがマネから生まれている気がする。いや、本当は、ほとんどじゃなく、全部かもしれない。あんまりこういうことを言うと、オリジナリティのない奴とさげすまれそうで怖いのですが、言葉を扱う者としての、これはまぎれもない実感ですから、この際きちんと言っておきます。実際、コピーをつくる時は、向き合う課題に照らし合わせ、「これ近いかも」「こんなのできたらいいのにな」と思う名作コピーをいくつもランダムに書き連ねます。そしてボケーッと眺めたりします。そのあと似たようなものをポツポツと書き始めます。名作を自分のものにするプロセスって、そういうところから始まるんだと思うのですが、ようはマネしているのです。ですからボクにとっての名作コピーとは、美術館にうやうやしく飾られるような「名作さま」ではなく、もっと近しいもの。親しいもの。実用的なもの。いちばん信頼するに足る、極上の参考資料とも言えるし、岩崎さん的な、とてもすばらしき共同作業者、とさえ言えるのです。

かねてからお世話になっている名作コピー群の中から、今回は特にお世話になっているもの

さくさくさく、ぱちん。

国際羊毛事務局○C／西村佳也

地図に残る仕事。

大成建設○C／安藤寛志

もういちど、自動車を発明します。

メルセデス・ベンツ日本○C／角田誠、西橋佐知子

を3つ。ひとつめは、ウールマーク。これには、コピーライター1年生の頃、ヤラレました。その軽妙なたたずまいにクラッとしました。それ以来、親しくさせてもらってて（↑勝手に）ことあるごとに、理屈っぽいワタクシをそっと叱ってくれています。ふたつめは大成建設。他社が言えることであっても、そこに大きな発見があれば、それでいいのだ。ということを、この言葉はつねづねボクに語ってくれて、もっと大きな視点で見なよとアドバイスをくれます。最後はメルセデス。事実に立脚することと、そこから希望を語ること。ある意味、すべてのコピーの基本です。

　でも、こうやって改めて考えると、あれですね。名作にはホント感謝しなくちゃいけないわけで、やっぱり「名作さま」かもしれませんね。

おかもと・きんや　コピーライター／クリエイティブディレクター。オカキン。主な仕事として、JT、GODIVA、TEPCO、川崎重工、サントリー烏龍茶、京王電鉄、WOWOW、などその他多数。

私にとっての、名作コピー

石川英嗣

1978年。その頃、私は浪人生だった。確たる人生の目標も無く、精神的放浪者だった時代、広告のおもしろさに気づかせてくれたのが、パイオニアロンサムカーボーイの雑誌広告だった。「120マイルをすぎると、エンジンの音だけでは寂しすぎる。」田村さんのコピーだ。たった一行のコピーと、アメリカの乾いた大地を貫く一本道の写真。何てカッコイイんだろう。このシリーズ広告の世界は、私のコピーライター人生の原風景となった。とにかく将来書く仕事がしたいと思って、私は上智大学文学部新聞学科に入学した。最終的に、新聞記者ではなくコピーライターを目指すことになったのも、この広告の存在が大きかったように思う。

1989年。あれは、昭和天皇が崩御した時期と重なっていたのでよく覚えている。井上陽水が日産の新型セフィーロに乗るCM。「みなさんお元気ですか？」という彼のセリフの音声が、その日を境に消されていた。このセリフで巷では話題になったが、私を震撼させたのは、糸井さんの「くうねるあそぶ。」というコピーだった。オランダの歴史学者であるホイジンガは、「ホモ・ルーデンス」という言葉で、人間は元来遊ぶ動物であることを説いている。そんな

120マイルをすぎると、
エンジンの音だけでは
寂しすぎる。

パイオニア○C／田村定

くうねるあそぶ。

日産自動車○C／糸井重里

コロナ氏 登場。

トヨタ自動車○C／岡康道

小難しい学説を、糸井さんは自分の肌感覚で、ひらがな7文字で言い切ってしまった。ナイフのように鋭利な表現。「ホモ・ルーデンス」の見事な翻訳。手の届かない目標。私にとって北極星のようなコピーだ。

　1992年。キャンペーン広告のお手本ともいうべき広告が登場した。「コロナ氏　登場。」私が尊敬する当時同じ職場にいた二人の大先輩、佐々木さんと岡さんが手がけたキャペーンである。コロナ氏、という擬人化表現で、くすんだ定番商品は見事に甦った。一つのキーワードで、キャンペーンを動かすダイナミックさ。なかなか真似のできるお手本ではないが。こうして振り返ってみると、かつてクルマの広告は、名作コピーの宝庫だった。「いつかはクラウン。」という歴史に残るコピーもあった。それを考えると、今クルマの広告が全体的に窒息状態にある現実を少し残念に思う。

いしかわ・ひでつぐ　石川広告制作室・クリエイティブディレクター／コピーライター。これまで手がけた仕事にJXTGエネルギー（ENEOS）、旭化成ホームズ、トヨタ自動車「こども店長」ほか、朝日新聞、ダイハツ、資生堂、JR東海など多数。

いいコピーって、ちょっとバカみたい？

吉岡虎太郎

こんなことを書くと怒られるかもしれませんが、ぼくは「いいコピーって、ちょっとバカみたい」だと思っています。

「私、脱いでも…」なんて言う人は、まずいない。ていうか、いたらちょっとヤダ。「きょ年の服で」もちろん恋はできます。そんなに毎年いい服買えません。「それゆけ」って自分に向かってつぶやいてる人が本当にいたら怖いです。病院に行った方がいいかもしれない…あ、怒らないでください。

この3本のコピーは、ぼくのコピーに対する考え方を衝撃的に変えました。90年代の半ばごろ、渋谷の街に貼られていたポスターは、「リアル」でした。

小室ファミリーの曲に乗って、顔に自信がなくたって文字通り（脱いでもすごい）胸を張って、きょ年の服を脱ぎ捨てて（踊れる）ファッションに身を包み、ちょっと不安を抱えながらも颯爽

私、脱いでもすごいんです。

TBC○C／小林秀雄

きょ年の服では、恋もできない。

三陽商会○CD+C／眞木準

それゆけ私

サントリー○C／藤田芳康

と１０９へ闊歩する女の子たちはライブなパワーを発散して輝いていました。（それゆけ！）

何かが変わって見えました。広告と街と人とが、シンクロしてました。こんなポップでキュートで愛のあるやり方で、世の中を動かすことができるなんて、コピーライターって素敵な仕事だと思いました。

ちょっと大げさですが、コピーって、人間の哀れさとか愚かさとか強欲さとか間抜けさとかを全部ひっくるめて肯定的に捉えて言葉にしてあげるもんなんじゃないかって思うんです。ちょっとバカみたいだから、みんなが共感できて、心を動かせるんじゃないか。

この3本のコピーは今でもぼくの先生です。ぼくもあんまりかしこくならないで、ちょっとバカみたいな人でいたいと勝手に思ってます。がんばれ俺！

よしおか・こたろう　博報堂クリエイティブ・ヴォックス　クリエイティブディレクター／コピーライター。１９６９年生まれ。主な仕事に、花王ビオレ、スズキ自動車ハスラー、ミツカン金のつぶ、大塚製薬ポカリスエット、ＣＣＪＣ綾鷹、朝日新聞、ＬＯＦＴなど。ＴＣＣ審査委員長賞、ＡＣＣブロンズ、アドフェスト銅賞など受賞多数。

私が影響を受けた名作コピー。

児島令子

人はみんな、誰かの影響を受けて生きている。1980年代後半、私は新人賞をとり、第一次コピー成長期だった。すでにフリーだった私にコピーの師はいなかったが、先輩たちの斬新なコピーが私を刺激し成長させた。1987年。私は文字だらけの新聞広告に衝撃を受けた。仲畑さんのブレンディの広告。コピーとデザインとコンセプトが解体できない一体感でアウトプットされている。みんなが予想するコーヒーの広告を裏切っている。だから強い。新しい。いま何を言うことが、何を感じさせることが、本当の意味で広告になるのか？　ペンを持つ前に、まず持つべきものはこの姿勢だと知った。

1988年。ある企業広告が私の脳にスイッチを入れた。「『人間は、全員疲れているのだ』と仮定する。」これも仲畑コピー。そう、仮定するなんだ！　コピーライターは仮定する人なんだ！　私は勝手にそう気づいてしまった。こういう視点で物事を見ていくことができたら、コピーライターという仕事はなんて面白く有意義でワクワクする仕事なのかと。以後私は、いいコピーを考えることは、いい仮説を考えること。というのをルールにしようと誓った。

新聞を開くたびにギシギシ音がするような
なんだか息が苦しい世の中だから
やわらかな味が好まれるのかも知れない

味の素ゼネラルフーヅ○CD＋C／仲畑貴志

「人間は、全員疲れているのだ」
と仮定する。

東陶機器○CD＋C／仲畑貴志

メリノはケケケの王様です。

IWS国際羊毛事務局○C／眞木準

同じく1988年。私は街で1枚のセーターを買った。その袋に、おかしなコピーが印刷されていた。「メリノはケケケの王様です。」理屈抜きに、このセンス大好き！　と思った。眞木準コピーだ。あとから新聞広告もあることを知った。なぜこのコピーが好きなのか？　ユーモラスで生理的で哲学的？　理屈抜きなのでこれ以上説明できない。でもいまでも煮詰まったとき、私は呪文のようにこのコピーをつぶやく。ノートの端にも書いてみる。私にとって、脳を柔らかくする魔法の言葉だ。人はみんな誰かの影響を受けて生きている。ということは、人はみんな誰かに影響を与えて生きているわけでもある。ギブ&テイクだ。でなくちゃ平等でない。それに楽しくない。コピーの世界は平等だから、素敵なコピーを書きさえすれば、誰かに何か影響を与えることができる。がんばろう。

こじま・れいこ　児島令子事務所 コピーライター。
主な仕事に、earth music&ecology「あした、なに着て生きていく？」LINEモバイル「愛と革新。」日本ペットフード「死ぬのが恐いから飼わないなんて、言わないで欲しい。」パナソニック「私、誰の人生もうらやましくないわ。」JR東日本「大人はとっても、長いから。」ANA「別ヨ」他。TCC最高賞など受賞多数。

モノが売れる名コピー。

東秀紀

今回は、モノが売れただろうなと個人的に思うコピーを選ばせていただきました。

私は悩んでいた。紙で何回拭いてもキレイにならない私の肛門。このパンツの汚れだけは彼女にみられたくない。そんな時、「おしりだって、洗ってほしい。」。あっこれだ！　しばらくして恵比寿の飲み屋で、ウォシュレットに出会う。私はおしっこにいったはずなのに、ズボンとパンツをおろしてそこに腰掛けてみた。スイッチON。トイレからでて友人たちに言った。「おいウォシュレットだぞ。すげえ気持ちいいから、ちょっとやってきな」。友人たちは交互にまさに初体験にいく。みんなトイレからなかなか帰ってこない。で、帰ってくるなり「オレ、もう一回やってくる」。その後の会話、「実はオレ、紙で何回拭いてもキレイにならなかったんだ」「オレも」「オレも」。なんだ、みんなだって洗ってほしかったんだ。

「1月1日1R」。このコピーの話ができることに感謝。私は、競馬をする人間だ。中央競馬は基本的に1年間、毎週毎週必ず週末に競馬がある。その人生が習慣になっているのに競馬ができない週が1回ある。年末年始。1月5日あたりの「金杯レース」の日まで競馬ができない。

おしりだって、洗ってほしい。

東陶機器○CD＋C／仲畑貴志

1月1日1R

東京都特別区競馬組合○C／小霜和也

じゃ、地球よってく?

アコム○C＋企画／多田琢

東秀紀

それに競馬ファンには「『金杯レース』で今年を占う」という会話があるのに、１月５日では遅いというかありがたみがないと思っていた。「１月１日１Ｒ」。多くの中央競馬ファンを、大井競馬に持っていけたろう。競馬をやらないＴＣＣ審査員にはこれがどんなにしずるコピーかわからないだろうが、競馬をする私にとってはＴＣＣ最高賞だった。人々のココロにすでに潜んでいるニーズとコミュニケーションがとれれば、モノは売れるのだろう。

「地球よってく?」。これは、また違ったすごさがある。アコムのＣＭつまり消費者金融。「げ、ご祝儀忘れた。」「じゃ、地球よってく?」、「そろそろお会計の方を…」「地球よっていいですか?」。「地球よってく?」＝「金借りてくる?」ってことだもんなあ。なのに消費者金融のダークなイメージをまったく変えてしまった。やばいなあ。うまいなあ。

あずま・ひでき　１９６０年岩手県生まれ、ハッケヨイ制作所。
主な仕事に「ビデオ安売王」、トヨタ「エコプロジェクト」「プログレ」、ＴＢＳラジオ「聞けば見えてくる。」、キリン「カンパイ!!ラガー」「天才アミノ酸「９０３」、シャープ「エコロジークラスでいきましょう。」、釜石「進め！ラグビー精神で」など。

人生に侵入してきたコピーたち。

福里真一

中身も外見もパッとしない、ろくでもない自分のまま、ろくでもない人生を生きていくのか。それとも、もっとすばらしい自分に生まれ変わって、新たにすばらしい人生を歩み始めるのか。その2つの道しかないように思いこんでいました。そして2番目の選択肢の実現は、どう考えても不可能であるように思えました。そんな時、テレビから聞こえてきました。「美しい人はより美しく、そうでない方は、それなりに…」。それなりに生きていく、という、3番目の選択肢をはじめて知った瞬間でした。小学校6年の時でした。

とはいえ、しあわせになりたい、とは思っていました。でも「しあわっせって何だっけ？」。そんな時、驚くような答えが、テレビから聞こえてきました。「ポン酢しょうゆのある家（うち）さ」。しあわせなんて、たいしたものではない。心がさらに軽くなった瞬間でした。

それから、驚くほどの時間が流れ、もはや「半分来ちゃった」どころではない、私のそれなりの人生。でも、それなりに、愛着が湧いてきていることも、事実なのです。

ふくさと・しんいち　ワンスカイ　CMプランナー・コピーライター。いままでに1500本以上のテレビCMを企画・制作している。主な仕事に、ジョージア「明日があるさ」、富士フイルム「フジカラーのお店」、トヨタ「こども店長」、サントリーBOSS「宇宙人ジョーンズ」、CRAFT BOSS「新しい風」、ENEOS「エネゴリくん」、東洋水産「マルちゃん正麺」など。

美しい人はより美しく、
そうでない方は、それなりに

富士写真フイルム○C／前田巍、林清夫、渡辺一博、山本雅臣

しあわせって 何だっけ 何だっけ
ポン酢しょうゆのある家（うち）さ

キッコーマン○C＋企画＋演出＋lyric／関口菊日出

「もう、半分来ちゃったわね。」
「まだ、半分だよ。」

東日本旅客鉄道○C＋企画／足達則史

70年代の個性溢れるコピーたち

梅本洋一

若い頃に出逢ったコピーがあります。それは僕というコピーライターを変えてしまったかもしれないコピーでした。

１９７３年、コピーライターになって一年目、ある損保会社の中小企業向けの火災保険の新聞広告を任されていました。先輩コピーライターから「商品の特長・メリットをそのままキャッチにすればいいから」と指導を受け、あまり面白くもないコピーが机の上に乗っていました。そんな時、72年のコピー年鑑をパラパラめくっていた時、そのコピーに出逢いました。『ウールカーペットは、騒音を吸収します。しんしんと降りつもる雪のように。』あっと思いました。これは…。そうか、これなんだ。その時、机の上にあったコピーは『火災保険に入っていれば万全、と思っていた経営者の失敗談。』という長ったらしい味もそっ気もないものでした。中塚大輔さんのコピーをみて思いました。「俺、大学で落研に入っていたよなぁ、じゃあ」あのコピーの最後に『を一席』と付けました。それが良かったのかどうか真偽のほどは解りませんが、翌年のＴＣＣ新人賞に、このコピーで受賞できたのです。

ウールカーペットは、
騒音を吸収します。
しんしんと降りつもる雪のように。

国際羊毛事務局○CD+C／中塚大輔

きみって素敵だ。いくつなの。

PARCO○C／長沢岳夫

北海道の人は、東京へ来ると
なぜすぐ風邪をひくんだろう。

硝子繊維協会○C／西村佳也

コピーライターとしてなんとかやっていけそうになった頃、長沢岳夫さんのPARCOのコピーと西村佳也さんのグラスウールのコピーに出逢いました。長沢さんのコピーからは、コピーライターその人の個性ある言葉で広告を素敵にできることを、西村さんのコピーからは、社会の一般の人々の目線でコピーを書くことの大切さを教えてもらいました。

70年代の終わりから80年代、コピーライターの個性が広告の強さを決めるコピーの時代を迎えていました。生意気なようですが「梅本洋一のコピーってナンなんだろう?」をテーマに必死でコピーを書けたのも長沢さん、西村さんのコピーに出逢えたからだと思います。あの頃、糸井さん、仲畑さん、眞木さん、魚住さんという個性溢れるコピーライターが活躍していて、彼らに少しでも追いつけたらと思い、自分印のコピーの創り方に腐心していた時代を思い出します。

この3本のコピーは、そんな自分へ導いてくれた自分だけにとって最も大切なコピーなのです。そんなコピーに出逢えたことを幸せだと思っています。

うめもと・よういち　1950年高知県生まれ。上智大学卒。73年スタンダード通信社。76年旭通信社。82年独立。梅本洋一事務所。損保協会・日本たばこ・サントリー・キリン・無印良品など。TCC新人賞・特別賞ADC賞・NYADC賞・電通賞・毎日広告賞など。作詞・ラジオ番組制作も。

※梅本洋一氏は2013年2月に、62歳でお亡くなりになりました。心よりご冥福をお祈りします。(編集部)

すばらしき広告コピーとともに

福本ゆみ

コピーライターを目指したものの、就職先はほとんどなかった。男女雇用機会均等法前夜だった。電話帳を片手に、片っ端から広告プロダクションに電話をした。一カ所だけ、女性は正社員にはしないが、アルバイトなら雇ってもいいと言う所があった。ラジオＣＭのスタッフが複数辞めて、たまたま人手が足りなくなった会社だった。辞めた人達は、ランダムハウスという会社をつくり、私はなぜかラジオＣＭの書き手になった。アルバイトのはずだったが、なにか賞をとったら、正社員に昇格になった。それがラッキーなことなのか、よくわからないと思えるほどの小さな会社だった。

「荒野にいたときより　シカゴにいたときの方が寂しかった」その頃、ロンサム・カーボーイの広告を見た。こういう素敵なコピーを書く人がいるのなら広告業界は、きっといい所だろうと思った。なので、気持ちは明るかった。

最近、村上隆さんの「マイ・ロンサム・カーボーイ」という作品が、オークションで高額で落札されたという記事を読んだが、見たくなったのは広告の「ロンサム・カーボーイ」だった。

荒野にいたときより
シカゴにいたときの方が
寂しかった

パイオニア○C＋企画／秋山晶

夏ダカラ、コウナッタ。

資生堂○CD＋C／小野田隆雄

世の中、
バカが多くて疲れません？

エーザイ○CD＋企画＋C／仲畑貴志

福本ゆみ

ウォーレン・オーツも、ライ・クーダーも、コピーを読んだ片岡義男の声も、まだ心から消えない。

「夏ダカラ、コウナッタ。」新人の頃、この資生堂キャンペーンのラジオＣＭを担当させていただいた。起承転結の、起と結だけがあるような、不思議なコピーに惹き付けられた。絶妙な余白に、イメージが広がった。「おとなしいコが、好きですか?」というＣＭのナレーションも、好きだった。

「世の中、バカが多くて疲れませんか?」政府にバカが多くて疲れませんか? とか、知事にバカが多くて疲れませんか? とか、２００８年の今こそ再利用していただきたい。一度で覚えて、多分一生忘れない。本当に胸のすくコピーだ。

ふくもと・ゆみ　コピーライター／ディレクター。早稲田大学商学部卒業。福本ゆみ事務所で、主にパナソニック、資生堂などのラジオＣＭ制作、ＣＭのコピーを手がける。ＡＣＣグランプリなどを受賞。

Copy selected by copywriter

新潮社（1985年）

企画制作／石岡怜子デザイン室＋東京糸井重里事務所　CD+C／糸井重里　AD+D／石岡怜子　撮影／荒木経惟

想像力と数百円

「茶器に入る絵」のようなコピー

谷山雅計

「名言」が、そのまま「名作コピー」なんだろうか？　「上手い言葉」って、本当に「いいコピー」なんだろうか？　いつも、そこに迷っています。急に話は飛びますが、マンガについて一つ。「へうげもの」という人気連載があって、茶人武将・古田織部（利休の弟子）が主人公なのですが。そこに出てきたエピソードに、すごく膝をうったんですね。織部の命をうけて、ある陶工が「絵付け」茶碗を焼きあげる。そこに描かれた絵は、名匠・長谷川等伯のもの。陶工は「素晴らしいでしょう」と誇って献上するのですが、織部は喜ばず、「これを手本に子供に絵を描かせて作り直せ」と命じる。しかも「青っぱなを垂らしたクソガキがいい」とまで。その理由、わかりますか？　織部曰く「上手すぎる物にはつくり手の自慢が入り、わび茶の面白さは出ぬ」と。…これ、コピーにも少しあてはまるんじゃあと思うのです。書き手の「上手いだろ」「俺のレトリックを見たか」の気持ちが、かえって商品や企業の「本来」を邪魔しちゃってる時もある。さっきの織部話も、「絵」だけで見れば、長谷川等伯作がいいに決まってる。でも「茶器に入る絵」としてはその上手さは…？　という話ですよね。

谷山雅計

触ってごらん、ウールだよ。

国際羊毛事務局○C／西村佳也

ニャンまげに飛びつこう。

時代村○C／斉藤賢司

想像力と数百円。

新潮文庫○C／糸井重里

さて、そんな気持ちをもとにチョイスした、ぼくにとっての名作コピー3本。「ウール」は、この作為のなさの作為こそ、「茶のための絵」そのものだなァと感じ入る。「ニャンまげ」を名作と評する人は少数派だろうけど、普通なら「会いに行こう」と書くところを「飛びつこう」に変えたことで、日光江戸村の来場者ってきっと十万単位で増えている！　と驚く。「新潮文庫」は、どちらかと言うと「上手なレトリック」系で評価されそうなコピーだけど、「数百円」なんて値段をそのままさらけ出しちゃってるトコにシビれる！　ぼく自身の書くコピーは、この3本にはまだまだ及ばず、「名言や上手い言い回しって必要なの？」と悩むあまり、本当にタダのハナタレガキコピーになってることもあるけれど（笑）。絵のための絵じゃない、茶器に描く絵なんだの気持ちをもって、ずっと書き続けていきたい、今日この頃なのです。

たにやま・まさかず　クリエーティブディレクター／コピーライター。
１９６１年大阪生まれ。博報堂を経て１９９７年に谷山広告設立。主な仕事に東洋水産・東京ガス・資生堂・新潮文庫・日産自動車など。
著作に「広告コピーってこう書くんだ！読本」「広告コピーってこう書くんだ！相談室」（宣伝会議・刊）

大、強、長。

渡辺潤平

いざ原稿用紙に向かうと、いつも必要以上に力んでしまい、言葉をこねくり回したり、わざわざ遠回りしてものを伝えようとしてしまうんです。迫り来る不安と打ち合わせの時間…ああ、こんなんじゃいかんなぁ。そんなときいつも思い出す大好きなコピーを3つ、あげさせていただきました。メッセージが大きくて、見た目が強くて、言葉のつくり出す価値が、時間に負けることなく長く持続する。そんなコピーが「いいコピー」だと僕は信じます。たとえば、「NO MUSIC, NO LIFE.」。理解しようとしなくたって、子どもだっておじいちゃんだって、音楽が好きというハートがあれば、ああ、そうだよな。とうなずける。目にするたび、受け手としてしあわせな気持ちになるし、書き手としては嫉妬する。このコピーに何度も救われ、また叱られてきた気がします。

大学時代に電車で見て衝撃を受けたのが、JR東日本の「愛に雪、恋を白。」。たしか連貼りで、一方に吉川ひなのさんの写真、もう一方にはコピーがドカン！　と、原稿からはみ出すぐらいにレイアウトされていました。当時コピーライターをめざして就職活動をしていた僕は、

NO MUSIC, NO LIFE.

タワーレコード○CD＋C／木村透

愛に雪、恋を白。

東日本旅客鉄道○CD＋C／一倉宏

変われるって、ドキドキ

トヨタ自動車○C＋企画＋演出／山本高史

なんというか、コピーとは絵の中にありて上品にたたずむもの、なんて思い込んでたふしがあるんです。そんな誤解（ですよね？）を一瞬にして解いてくれたのがこのコピーでした。コピーこそ広告の主役である。それを教えてくれたこの言葉の見え方は、今でも僕の広告づくりの基準になっています。

博報堂に入社して、日々の刺激の強さとか打ち合わせのタフさなんかにすっかりやられていた新人の頃に出会ったのが、カローラの「変われるって、ドキドキ」。新しさや機能を誇るんじゃなく、「変わること」そのものを価値にしてしまう。その言葉の器のデカさと鮮やかさが、ヘロヘロだった僕に勇気をくれました。長い打ち合わせの終わった明け方の会議室で、このＣＭのビデオを見て涙が止まらなかったことは今でも忘れられません。

これから先の、おそらく長いコピーライター人生の中で、このコピーたちに負けない言葉をひとつでも多く書いていきたい。でも、僕にはまだまだ色んなことが足りません。ダメだ、がんばらないと！

わたなべ・じゅんぺい　コピーライター。1977年千葉県生まれ。博報堂、groundを経て2007年に渡辺潤平社を設立。最近の仕事に千葉ロッテマリーンズ、ユニコーン再始動「今年は、働こう。」、ゼロハリバートン、東京ミッドタウンなど。

いいボディコピーは人をしあわせにする

国井美果

好きなコピーの中から3本だけ選ぶ、というのはけっこう難しいものです。そこで今回は「ボディコピーまで、まるごと！」という3本を選びました。

入社して4〜5年の頃は、よくTCC年鑑やADC年鑑や雑誌から好きな広告を見つけてコピーして、デスクの横っちょに貼っていました。アップルの「Think different」とか、パルコの「キミが、いないと、みんな、さみしがるよ。」とか。

サントリーウーロン茶の「それゆけ私」の広告は、その中のひとつです。エア・ウーロンというキャンペーンの世界観もキャッチコピーももちろん好きですが、ボディコピーがまた、すごく好きで。仕事のこととかで悩んで、真夜中に会社でひとり思い詰めている時なんかに（早く家に帰れ）、このボディコピーを眺めていましたね。

『ウーロン茶を飲んで感じるのは、気持ちがフッと長くなる感じですか。ウーロン茶は、自然のお茶の葉を、自然に「半発酵」させ、のんびり飲む。人が昔から飲んできた簡単な飲み物で

それゆけ私

サントリー(1997年)○CD+C/安藤隆

マヨネーズ　空気入り

キユーピー(1998年)○CD+C/秋山晶

父も母も素敵でした。

サントリー(1987年)○CD+C/一倉宏

す。（半発酵なので、飲んですっきりしていて、コクもある）　複雑なことや、新しいことに疲れたら、ややこしくないウーロン茶の時間に身をゆだね、心を遠くへ飛ばしてください。戻ったら、さぁて勇気をふるって行く。』

最後の一文が、またグッときます。すごく商品寄りのコピーなのに、どうしてこんなに自由な感じがするんだろう。きっと一字一句のすべてが、ブランドの世界をつくっているんですね。それにしても、「それゆけ私」のような肩の力の抜けた最高のエールを世の中に贈れたら素敵だなと思います。ウーロン茶のキャンペーンには、みんながずっとファンであり続けてしまう、魔力のようなものが満ちているんですよね。

キユーピー ホイップ マヨネーズの「マヨネーズ　空気入り」の原稿を最初に見た時は、かなり衝撃を受けました。え、こんなボディコピーってあり？　それは、ボディを読んだというより、なんだかドキュメンタリー番組を観たような読後感で（と、私には思えました）。平面の媒体なのに、音や空間を感じる、自由な雰囲気でした。言葉がリズミカルなので、あっという間に読めてしまうけれど、実はこれ以上に商品について語ることはないというほどの情報が詰まっています。「マ・ヨ・ネ・ー・ズ」とか「グレート！」の連呼とか「SECRET」の空欄とか、言葉が独特で新しくて、楽しくて。新商品の告知とあって語るべきことが多い中で、このオリジナルな話法を定着させるのは、すごいなと思います。決してよい子は真似しないでね、という類の名人芸だと思いますが…。「マヨネーズ　空気入り」という、素っ気ないキャッチも好きですが、文末の「モタモタするな、マヨネーズ。」というコピーもかなり好きです。つい「モタモタするな、自分。」って置き換えてしまったことを覚えています。

サントリーモルツの「父も母も素敵でした。」は、「葛西薫の仕事と周辺／六耀社」の中で見て、以来、大好きな広告です。いいボディコピーは、読んだ人をしあわせにするんだ。そう思えた体験でした。

「麦芽とホップの幸福な出逢い」を「若い頃の父と母」に重ねて、本当の豊かさとは、と結んでいますが、ここに表現されている豊かさはきっと本当のことなんだろうな。と、素直に信じる気持ちになれるのです。

広告の中で豊かさについて誠実に語るのは、難しいことだと思います。そして人を「信じられる気持ち」で満たすことも、とても難しいことだと思うのです。この広告が出稿された当時よりもさらに、豊かさや、信じる、というものがピンチにある今、時おり読み返しては、姿勢を正している今日この頃です。「父も母も素敵でした。」というキャッチも、憧れや懐かしさや、やさしい気持ちが溢れていて素敵。原稿全体を包む温かな空気、丁寧な手書き文字も素敵。素敵ばっかりですみません。

いいボディコピーは、時間も空間も気持ちも無限に広げてくれる。ああ、いいボディコピーが書けるようになりたいでーす（キャッチもだけど）。

くにい・みか　コピーライター、クリエイティブディレクター。社内外をつなぐ様々な言葉やアイデアで、企業活動に関わっている。主な仕事に、資生堂コーポレートメッセージ「一瞬も一生も美しく」、資生堂マキアージュ「レディにしあがれ」、クレ・ド・ポー　ボーテ、伊藤忠商事コーポレートメッセージ「ひとりの商人、無数の使命」、同社企業広告シリーズ、スヌーピーミュージアム六本木、フェルメール展など多数。著書に「ミッフィーとフェルメールさん」「ミッフィーとほくさいさん」（美術出版社）などがある。ADC賞、TCC賞、日経広告賞大賞など受賞多数。

会えて嬉しかったコピーたち

小野田隆雄

一九六六年にコピーライターという職業について、まるっきり自信も持てず心理的な停滞状態になっていた三年めの春に、そのコピーを新宿駅で見た。

ペンキぬりたて春の色

伊勢丹の春である。濡れてひかるような素材のファッションだった。コスチュームの評価は出来なかったが、このコピーを見て、うれしくなった。誰かに肩をたたかれたような気分だった。

「自信ないなんてナマイキだよ、おまえ。おまえのキャリアなんか、キャリアとも呼べないぜ。ぬりたてのペンキみたいなものじゃないか」

私の心のなかに、とても新鮮な風が吹いてきたのだった。その風に押されるように、私は坂道を昇り出して、その次の年、TCC新人賞をいただいたのだ、と今も思っている。

新潮文庫のショルダーコピーには、一九九〇年代の前期から中期にかけて、「想像力と数百円」というすばらしい作品があって、ひそかに私は、物価の大変動でもない限り、このコピー

ペンキぬりたて春の色

伊勢丹（1968年）○C／土屋耕一

Yonda?

新潮社（1998年）○C／谷山雅計

地図に残る仕事。

大成建設（1993年）○C／安藤寛志

は続くだろうと考えていた。

ところが、その頃のある日、電車の車内吊りから、PANDAに話しかけられた。

Yonda?

ヤラレタッ!、というのが、あのときの私のいつわらざる心境だった。当分、このコピーに対抗することを、多くの文庫本があきらめてしまうだろうと思った。そしていまも、その思いは同じである。

地図に残る仕事。

この大成建設のコピーは、制作年代を調べてみて驚いたのだが、「Yonda?」よりも五年も前に作られている。新しいなあ、と感じ入ったのであるが、もしかすると、古くなりようのないコピーなのではないか。大手総合建設業者の皆さんにとって、これほどうれしいコピーは存在しないかもしれない。本当によく言ってくださいました……。

例えば、青函トンネルの仕事が開始した年に、関係するゼネコンに入社し、この工事に配属されたひとのなかには、ほとんど定年近くまで、この仕事一本、というひともいたと聞いたことがある。

多くの大手総合建設業者、いわゆるゼネコンの皆さんには、「地図に残る仕事」という文字は、きっと「人生が残る仕事」と読めるのだろうと思う。なんでも鑑定団ふうに申しあげれば、「すばらしい作品です。どうぞ、いつまでも大切になさってください」。

以上、三作品、とりわけ好きなコピーを選ばせていただいた。好きなコピーであって、名作という価値付けをしてよいのかどうか。厳密には私が勝手に名作と呼ぶのは非礼にも感じられる。したがって、とりわけ好きなコピー、なのである。

印刷媒体で、ふと、いいなと思うコピーに出会ったり、電波媒体からいいなと感じるフレイズが聞こえてきたりするのは、とてもうれしい。それは、雨があがって、太陽がのぞいてくれた梅雨の晴れ間みたいな、うれしさである。逆に、会わなければよかったな、と思うコピーが、ときおり存在する。あの気分の哀しさは、銀座中央通りでタバコの煙に直撃されたときの、あの哀しさである。

でも、コピーライターのどなたも、プロならば、ひとが会いたがらないコピーを書くことなんて考えてはいないと思う（もちろん、逆説的に計算する場合は別にして―惚れているからキライというみたいに―）。

だけど、なんかが微妙に狂い出して、とんでもないコピーが世に出てしまうことも、少なくとも、私には何度もあった。なぜだかわからない。それは、いいコピーがなぜ誕生するのか、わからないくらいに、わからない。

おのだ・たかお　コピーライター。1942年足利市生まれ。'66年資生堂入社。'83年独立。（株）アップ設立。2001年よりエフクリエイションのクリエイティブディレクター兼務。「ゆれるまなざし」（資生堂）、「恋は、遠い日の花火ではない」（サントリー）など。

心にズンときたコピー

井田万樹子

そのコピーに出会ったのは高校生のとき、図書館でたまたま見つけた石岡瑛子さんの本からだった。「こんな世界があるんだ」とページをめくるたびに心臓がドキドキしていたのを今でも覚えている。大型美術書コーナーにあった重い大きな本だったのに、図書館で立ち尽くしたまま最後まで読んでしまった。（ハンドボール部だったのでたぶん腕力だけはあったのだと思う）「行き行きて重ねて行き行き　君と行きて別離たり」「あゝ原点」「モデルだって、顔だけじゃダメなんだ」圧倒されるような強く美しいビジュアルが、言葉と組み合せられることで、さらに強くなっているのがわかって、このとき私は自分の進路を「芸大↓デザイン科」に決めたと思う。たぶんそれまでに見たどんな映画や本よりも感動したのだ。「鶯は誰にも媚びずホーホケキョ」、このパルコのポスターはとりわけ大好きだった。目をカッと見開いて口をギュッと突き出して、なんだかおかしなポーズをしている黒人の女性。この「どうだ！」と言わんばかりの堂々とした女性の生命力、そこにこのコピー。大学の進学とか女子グループの中で浮かないようにとか、常に周囲ばかり気にして生きてきた私の心にズンと響いてきた。

鶯は誰にも媚びずホーホケキョ

パルコ(1977年)○C／長沢岳夫

キミがつらそうだと、
あのヒトもつらい

リクルート(1992年)○CD+C／仲畑貴志

フジテレビが、いるよ

フジテレビジョン(1995年)○C／岡康道

「キミがつらそうだと、あのヒトもつらい」このポスターは芸大の学生課に向かう階段の壁に貼ってあった。今から思えばなんでリクルートの転職雑誌の広告が大学に貼ってあったのか不思議だけど、学内にはやたらといろんなポスターが貼られていた。大学には作家性の強い人たちがたくさんいて、当時の私は「自分の中に作りたいものがな〜んにもない」という事実に気付いて、世の中から消えてしまいたいくらい自分が嫌になっていた。みんな創作活動に一心不乱で、そんな中で何もない自分…。一生懸命誰かの真似をしてみたり、頭で賢そうなことを考えて作りあげた作品は、あとから見るとあまりの恥ずかしさにホント切腹したいくらいだった。重く暗い気持ちで階段をのぼっていると、いつもそのポスターが目に入った。絵も偶然、階段をのぼっているヒトのシンプルなイラストで。トントンと階段をのぼるリズムにあわせて、いつも心の中でこのコピーをつぶやいていた。「あのヒトもつらい」の「あのヒト」は、あるときは母だったり友達だったりしたと思う、でもきっと誰でなくてもよかったと思う。誰もいなくても、誰かがいるような気がした。この言葉には、ずいぶん助けてもらった。

「フジテレビが、いるよ」就職活動の面接で、「あなたの好きな広告は?」と聞かれて答えたのがこのCMだった。集団面接だった。隣の学生は面接を受けている会社が作ったCMを答えていた。就職活動をはじめてやっと「あ、そういえば私広告が好きだったんだ」と気付いた、というか思い出した私は、気付いたのが遅すぎたせいで完全に就職活動は出遅れていた。京都の山奥で自分探しをずっと続けていた私の脳は迷走しまくっていて、自分がいったい何なのか、面接で自分を語る言葉さえみつからない状態で、なぜこのCMが好きなのかと理由を聞かれても、ただ好きだからとしか答えられなかった。「あなたを動物に例えると何ですか?」面接官の質問に、私は精一杯の愛想笑いをして「サルに似てると言われます」と答えたのだった。

いだ・まきこ　1974年生まれ。ラジオCMプランナー、漫画家。ACCラジオグランプリ、クリエイター・オブ・ザ・イヤー・メダリスト、TCCクラブ賞、佐治敬三賞他受賞。

たった3本ですか。300本くらい選びたいです。

大曲康之

しっかし、書けなかったなあ。入社1年半後、総務部からいきなり「新人でも一人で得意先を担当させる」という恐怖のシステムの制作部の一員になりました。朝までコピーを考えたけど全く出来ず、ポスター一枚敷いて床に寝てたら、掃除のオバチャンに「わっ！」と叫ばれたこともありました。死んでると思われたみたいでした。確かに「オレって何てアタマが固いんだろ」という絶望で、ほぼ死んでましたね。

とにかく「前例」とか「見本」みたいなものがないと、全く書けない。…そういう指導者もいない田舎のコピーライターにとって、ホントに頼りはコピー年鑑だけでした。

僕にとってコピー年鑑とは、「こんなことまで考えていいのか！」とアタマの柵を広げてくれる、唯一絶対のCDでしたね。なので、今回は「アタマの柵を広げてくれた」というテーマに沿って、3本を選びました。

田村義信さんのラングラーギャルズはシリーズで何本も掲載されてます。一枚を選べば普通は「ケネディーは好きだったけれど、ジャックリーヌは嫌いだ。」ってのになるのかもしれませ

ジョディ・フォスターの映画をみて、
妹もそろそろ敵だと思った。
ラングラーギャルズ

ラングラー・ジャパン(1977年)○C／田村義信

うまいと思う人は、
頭を大きくして、
理由を言ってください。

サントリー(1983年)○CD+C／仲畑貴志

ボーヤハント。

日本ビクター(1986年)○CD+C／眞木準

んが、どうもケネディーさんもモラル的にヤバイとこがあったみたいなので、今回はこれにしました。「商品に向かう」と「商品がもたらす利得を印象付ける」という2つのベクトルしか知らなかった僕には、こういう「商品を包み込む」みたいな好感の取り方もあるんだなあ、というのが印象的でした。「良し悪し」だけじゃなく「好き嫌い」もありなんだと（今でも「落ちてねーよ」とボッにするCDがいるかもしれませんね）。

二つめは仲畑さんです。仲畑コピー論なら、もうみんな三日三晩くらい語れるでしょうね。「言えてる系」「ミもフタもない系」「傷つき系」などと並んで、これは「タコが言うのよ…」と同ジャンルに分類される「パンク系」の一本です。これは先に出来たビジュアルに当てたコピーだと思いたいです。こんなんを純粋にコピーライティングで思いついたりするんですかねえ。このコピーで、僕のアタマは粉砕されました（ちなみに同じサントリーさんのヨーハイ「まちがいは、すぐにあやまる、好青年。」ってのにも粉砕されましたけど。何なんだよ、それ？　何でそんなんが出て来るんだよ？気持ち良すぎだろ！　みたいな?）。

あ、そこまで口端に上ってないけど、この際書いとこう。僕はソニー・ミニコンポの「個人のリバティ。」ってのがずっと大好きでした。なんてキリッとした言葉なんだろう！

三つめは、眞木準さんの最終兵器ですね。CMを見た瞬間「うわっ！」と声を上げました。「なんて美しいものを見せてくれたんだろ！」って感じです（まあ、僕がこの世で一番好きなものが「赤ちゃん」だというのもありますが）。

聖なるダジャレ。言葉の破壊力がすごいです。問答無用です。自分のコピーがすべて、単なるヘリクツにしか思えませんでした（にしても、天使のような赤ちゃんだったなあ）。

僕は、眞木さんのダジャレの大ファンなんすよ。スタンド女子店員の「ギャソリンヌ」って。くくく。

しかし、迷いましたー。たった3本だもんなあ。秋山晶さんのキャノンの甲子園「ただ一度のものが、僕は好きだ。」って新聞広告で、僕は「ああ。高いとこを目指さんとイカンなー」と思ったんですよねー。糸井重里さんの書いたボディコピーを、ホントに年鑑に顔を付けて読んでたんですよねー。石井達矢さんの「亭主元気で留守がいい」みたいな暗黒のインサイト？直撃ＣＭが大好きなんですよねー。「芸能人は、歯が命。」も入れたいなと思ったんですよねー。

あー、誰かコピーの話で酒飲みに付き合ってくれません？

おおまがり・やすゆき　西鉄エージェンシーを経て、現在博報堂九州支社勤務。「リクルート」とか「ひよ子」とか「薩摩酒造」とか「萬坊」とか。ずっと九州で広告作ってます。

たまにはあの日に帰るのも、悪くないかも。

門田陽

生まれて初めての東京出張。新入社員だったボクの任務はクリスマス時期の流通視察というゆるーいものでした。とはいえ、気分はすっかり「できるビジネスマン」。会社から一眼レフのカメラを借りて、渋谷・新宿・銀座の百貨店に行きショーウィンドーや店内のＰＯＰなどを撮りまくり九州へ戻ったのです。やるじゃんオレ、のつもりでした。しかし何であのときモノクロフィルムで撮ったのか、今でもフシギです。「ここは確か赤くてこっちはグリーンだったような…」というシドロモドロの報告会は恥ずかしかったなぁ。

その頃、ボクの前にはいつも上司の大曲康之さんのでかい背中がありました。ボクが書いたコピーを、それがいかにつまらないかについて、理屈で毎回丁寧に（くどくど）説明してくれました。特にダジャレにはきびしく「お前がどんなに頑張っても眞木準さんにはなれないんだから、他の鉱脈を掘ったほうが報われる」となんべんも言われたものです。そのくせ大曲さん本人は意外とダジャレ好きで、中でもボクが覚えているのがこのコピー、「西日本手伝う株式会社。」ダジャレ恐るべし。この頃の大曲さんはまだＴＣＣ新人賞を取る前ですが、ボクはずいぶ

西日本
手伝う
株式会社。

西日本鉄道(1988年)○C+CD／大曲康之

殺してやろうと思った。
けど、中島みゆきを聴いて、
やめた。

ポニーキャニオン(1979年)○C／仲畑貴志

愛だろ、
愛っ。

サントリー(1995年)○C+CD／佐倉康彦

ん記憶しています。「だれも教えてないけど、赤ちゃんは笑う。」、「好きとかきらいとか、カラダのどこが決めてんのかなあ。」、「悲しいことを、いっぱい知ってる人がいいな。」（以上、西日本鉄道）。「見ず知らずの人は、お祝いをくれない。」、「このご恩は、一応忘れません。」、「お祝い、ありがとうごじゃいます。」（以上、にしてつギフト券）。これらの大曲コピーを横目で見ながら鍛えられた新人時代。あー、あの日に帰りたい。いや、帰りたくはないか。

それからややあって、20代の終わりから30代の始めは仲畑広告制作所で過ごしました。あの頃のことは4Bの鉛筆くらい濃く覚えています。ボクの席はアートディレクターの副田高行さんの隣でした。副田さんは席にいることが少なくて、机の上にポツンと置かれた仲畑さんのコピーを誰よりも早く多く目にしたのはボクかもしれません。よく盗み見てはノートに写したものです。ソニーもシャープもペプシもＴＯＴＯもリクルートも岩田屋もＪＲ九州も、とにかくその量の凄さとコピーの凄さ。サプライズな日々でした。でも、このコピーは副田さんの机の上では見たことなかったのです。アートディレクターは井上嗣也さんだと思います。ある日、送られてきたポスターが会社の壁にドカーンと貼られました。何というか、胸が打ち抜かれたのです。書いても書いてもボツばかりで、へこたれていた時期に見たこのコピーにはやられました。救われた気がしたのです。助かりました。「殺してやろうと思った。けど、中島みゆきを聴いて、やめた。」あー、なつかしいあの日にまた帰りたい。いやいや、帰りたくはありません。

そしてもう一本（お題が三本でなければまだまだまだまだ書きたいのですが）は、「愛だろ、愛っ。」今でも飲むたびに「お前が入ったからオレが仲畑広告に入れなかった、このヤロ！」とど突いてくる佐倉康彦さんの名作。このコピーのせいで「愛」というコトバを封印したコピーライターは多いと思います。あれはもう何年前かな、佐倉さんの結婚パーティ。乾杯の音頭をとられたサン・アドの安藤隆さんが「じゃここは、佐倉のコピーでやりましょう」と言って、全員で「愛だろ、愛っ。」とカンパイしました。本人は照れくさそうだったけど、うらやましいぞ、このヤロ！　と思った瞬間でした。

人はコトバで動きます。せっかくコピーライターになったのだから、人を動かすコトバを書いていかなきゃいかんですね。最近のボクはといえば、児島令子さんの「大人は、とっても長いから。」を信じて、上を向いて歩こうとすると、そこには一倉宏さんの「いい空は青い。」がひろがっていたりして。ま、何とかなるさと思ったり思わなかったり途方に暮れたりしています。ふ〜、たまにはあの日に帰るのも悪くはないかも。

かどた・あきら　クリエイティブディレクター、コピーライター、CMプランナー。1963年生まれ。西鉄エージェンシー、仲畑広告制作所、電通九州を経て、現在電通勤務。TCC審査委員長賞、ACC賞、FCC最高賞、広告電通賞など受賞多数。

コピーの背骨は変わらない。

小西利行

スカッと人を動かすコピーが好きだ。コピーだけじゃなく、小説でも、映画でも、してやられた！ と思い、「ああ」という言葉を漏らしている間に、スッと心を動かされる体験はとても心地が良い。

別に懐古主義者ではないけど昔の広告はスカッとしていた。シンプルに人の心を射貫くコピーとビジュアルだけで世の中を動かしていた。たしかに昔は、今ほど複雑なメディア環境になかったかもしれないし、人の気持も少し（たぶんほんの少しだけ）シンプルだったのかもしれない。でも、心の奥の奥を見れば、昔も今もさほど変わらないよねえってのが真実だろう。だから、変わりやすい見かけじゃなく、心の奥にあるホントの気持ちを「ポン」と突くことがいつの時代も大切なんだろうと思う。

僕は、コピーライターになってすぐ徹底的に悩んだ。コピーが書けないのはもちろんだけど、その前に何のためにコピーを書くのか分からなくて、もがきにもがいた。で、浅はかにもコピーのカタチばかりを追った。詩的なコピーが評価されているのを見ると「ポエムを書けばいいいん

愛はいろいろ救う。

パルコ○C／糸井重里

距離にためされて、
ふたりは強くなる。

東海旅客鉄道○C／角田誠、後藤由里子

女の子でよかったね。

パルコ○C／佐藤澄子

だな」と勘違いし、レトリックがうまいコピーを見ては「ふん。このぐらいの言葉遊びは簡単だ」と鼻息を荒くして韻を踏んでみせたりした。

僕はたぶん天才じゃないとは分かっていたけれど、鼻っ柱は強かったから、とにかくナメられないようにコピーらしいカタチを追いかけていたと思う。そんな時に出会ったのが糸井重里さんの「愛はいろいろ救う。」だった。おそらくリアルな広告で見たのではなく、本に載っていたのを見たのだけど、「わあ!」と声を出したのを覚えている。24時間テレビが「愛は地球を救う」というメッセージを世の中にものすごく（そりゃもう濁流のように）広めていた時代にさらりと乗って、しかも洒脱に、人をニコリとさせる。まるで合気道がふわっと人を投げるように、余計な力を感じることなく言葉に投げられた感じがした。その時、ひとつわかった。「コピーって、世の中や、気持ちを使って投げるんだな」。

でも、コピーは何をするためにあるんだろう？　という悩みは消えない。そんな時に僕を動かしてくれたのが「距離にためされて、ふたりは強くなる。」。当時、この言葉に勇気づけられたカップルがいかに多かったことか。まさに社会現象になるほどの力があった。なぜか？　それはこのコピーが単にサービスを売る目的だけじゃなく、それがあることで始まる新しいシアワセを伝え、そして人を勇気づけていたから。そう思ったとき、もうひとつわかった。「コピーって、人生を応援するものなんだ」。

でも、分かったことがあってもやっぱり書けない。レトリックに凝ったり、長いコピーを書いたり、いろんなことをして苦しんでいた時に出会ったのが「女の子でよかったね。」。コピーらしいコピーを求めて悩んでいた僕は、アタマをぶん殴られた気がした。難しい言葉も上手いレトリックもない。ただ、普通の言葉がそこにあるだけなのに衝撃を受けた。これで3つめの気づき。「凄いコピーって、普通の言葉なんだ」。

最初はカタチを追いかけていた僕も、たくさんのコピーと出会い、悩むウチに少しずつコピーというものに近づいてこられた。だから思う。歳をとって少しばかり成長したし、世界は激変したし、メディアも変わったけど、コピーの背骨は変わらない。どんなに進んだ世の中が来ても、メディアという窓口が進化しても、その先にいる人の気持ちの流れを知って、それを「ひょい」と動かすシンプルなアイデアを考えるだけ。カタチは関係ない。新しいメディアを使うことに躍起になっている人もいるけれど、それは変だなと僕は思う。メディアはアイデアじゃない。人の心のスイッチを入れる言葉があれば、あとはそれを一番届くメディアで出すだけだ。そんな風に（ちょっと偉そうに）考えながら、最近僕は、コピーが持っている可能性を、もっと違う世界へ広げたいな、なんて（やっぱり偉そうに）考えている。

こにし・としゆき　POOL inc. クリエイティブ・ディレクター&コピーライター。
CM制作から商品開発、都市開発までを手がける。2017年「プレミアムフライデー」を発案、発表。日本最大のSC「イオンレイクタウン」、一風堂のブランディングをはじめ、ホテル開発も多数。主な広告の仕事に、伊右衛門、ザ・プレミアム・モルツ、CROWN BEYOND、PlayStation4がある。また、「こくまろカレー」や「伊右衛門」などの商品開発も担当。『伝わっているか？』（宣伝会議）『すごいメモ。』（かんき出版）を上梓。西麻布にて「スナックだるま」を経営している。

Photo:©NORIAKI MIWA

海をも越えたコピー

横澤宏一郎

変に世の中を冷めてみていた子供だった。小学3年生のとき、転校した学校にサッカー部があり、「キャプテン翼」の影響もあって、それまでやっていた少年野球をやめてサッカーを始めた。野球は下手だったけど、サッカーでは下の学年の時から試合に出られるくらいではあった。でも、Jリーグもまだなかったからプロサッカー選手の夢なんて抱けないし、そもそも自分のレベルでは全然無理だと客観的に理解していた。小学校の卒業文集の「将来の夢」に「会社の上司」って書くような、夢のない子供だった。大人になってやりたいことなんて特になく、とりあえず学歴だけ付けとけばなんとかなるだろうと、勉強だけはやっていた。

父親の存在というのは大きいものだと、大人になってから感じる。良い意味でも悪い意味でも。ヘビースモーカー、ヘビードランカーの父親のせいか、私はタバコを吸わない、酒も場がないと飲まない。ただテレビ局で報道に従事していた父親によって（注・横澤彪さんではない）、家中にテレビがあった（トイレにも小さいテレビがあった）。子供のころから私の部屋にもテレビがあったから、テレビはよく見た。そんなテレビっ子の私が大好きだったのが、いすゞ自動車・ジ

街の遊撃手。

いすゞ自動車 ／ テレビCM(コピー年鑑掲載:1987年)○C ／佐藤康明、木戸俊和

バザールでござーる

日本電気 ／ テレビCM(コピー年鑑掲載:1992年)○C ／佐藤雅彦

イチロ・ニッサン

日産自動車新聞広告(コピー年鑑掲載:1995年)○C ／白部真一

ェミニのCMだった。ジェミニ（双子座）という名前だけに、2台の小型車がパリの街をアクロバティックに走行する、本当にワクワクするCMだった。とにかく早く新作が流れないかと心待ちにするCMだった。そのキャッチコピーが「街の遊撃手。」だった。こども心に上手いと思った。

高校時代に人生で初めて、やりたい仕事を見つけられた。テレビCMを見ていた私は、なにがそう思わせたかわからないけど、突然「CMを作りたい」と言った。そのとき母親は「じゃ、電通に行きなさい」と言った。結果的には、博報堂に入社することになるわけだけど、CMを作るために進むべき道を、広告会社という存在・目標を、私に示してくれた母には感謝している。といいつつ、そのために何ができるわけでもなく、高校時代はサッカー部だけが楽しみだった。キャプテンになったけど、目標である都大会出場は果たせなかった。それ以外では、学園祭での映画製作。20分くらいのヒーローモノだったけど、脚本・監督・撮影・美術・主演までやった。友達の家でワイワイ言いながら徹夜で編集した。最高に楽しかった。いまでも低予算モノが楽しく感じるのは、このときの感覚に近いからかもしれない。

95年に博報堂に入ったものの「クリエイティブは特別な才能を持った人が行くトコロ」という意識から、希望すらしなかった。4年間、プロモーション（SP）の部署にいた。SPからクリエイティブに移った有名人といえば、佐藤雅彦さん。店頭まで計算に入れたキャラクター展開は、プロモーション&クリエイティブの融合だった。とても新鮮だったし、確実に世の中に効いている、と思った。エジプト・カイロでバザールを訪れたときに、現地の人々は私が日本人とわかるや、必ず言った。「バザールでござーる、バザールでござーる」。海をも越えた言葉になっていた。

99年にクリエイティブに異動して、CMプランナーになった。とにかくCM企画をひたすら考えていたが、なかなか芽が出なかった。自分がプロモーション出身であることを活かせ、と言われることが多かった。クリエイティブに来たのだから、前の部署のことはナシにして純粋なクリエイティブで勝負したかった。でも自分では全く意識していないところで、店頭とかインナーとかにも展開できるような企画になっていたりして「さすが元プロモーション！」と言われたりした。そのときに上手いなあと思っていたのが「イチロ・ニッサン」だった。こんな短い言葉で、マスから店頭からインナーまでを一気通貫させる。キャンペーンを作るという考え方を教えてくれた。要らないと言われるまでクリエイティブで生きていこう、と私に思わせてくれた言葉だった。

よこざわ・こういちろう BORDER inc. クリエイティブディレクター／プランナー。早稲田大学政治経済学部卒業後、博報堂入社。㈱タンバリンを経て、2016年6月博報堂退社、㈱ボーダー設立。主な仕事に日野自動車「ヒノノニトン」、リクルート「SUUMO」など。

コピーがわからなかった。

柴田常文

コピーのコの字も知らないままで、広告代理店に偶然入社し、そのまま30年以上もこの業界に留まっていられる…昨年自主定年で退職し、フリーになっても何とか糊口を凌ぐことが出来ている…すべては、良き先輩、良きスタッフ、そして良きクライアントに恵まれてきたお陰とつくづく思う。良き先輩は師匠であった今は亡き眞木準。師から学び得たことは、クリネタ第7号（宣伝会議刊）に書いたので、ここでは割愛させていただく。私にコピーとは何か、を教えてくれた優れた作品群について語りたい。それは山のようにある。その中から3点に絞れ、と。こんな難題はない。あれこれ選んでは悩み、を繰り返した。ある日突然、そのコピーに出会い、ガツンと脳天をかち割られたような衝撃。コピーってスゴイ！ もっと頑張らなきゃ、と勇気をもらったコピーについて語りたい。

ただ一度のものが、僕は好きだ。

それは、全ページの新聞広告だった。夏の甲子園をテーマにしたキヤノンのカメラの広告。ここでどんなドラマがこれから展開されるのか。熱戦を予感させる静謐な白線。その俯瞰のビ

ただ一度のものが、僕は好きだ。

キヤノン / 新聞広告(コピー年鑑掲載:1978年)○C ／秋山晶

僕たちのビールは、これだ。

サントリー / 新聞広告(コピー年鑑掲載:1980年)○C ／西村佳也

ベンザエースを買ってください。

武田薬品工業 / ポスター(コピー年鑑掲載:1986年)○C ／仲畑貴志

ジュアルに、このコピーがあった。ただ一度、という言葉が、甲子園ほど似合う舞台があるだろうか。まさにたった一度の青春をかけた夏が始まろうとしている。コピーは、その感動を表現しているだけではない。ただ一度、という瞬間を切り撮るカメラそのものをも表現している。70年代の末期、コピーは僕だった。コピーは広告主のものでも、受け手のものでもなく、コピーライターのものだった。その象徴ともいえるコピー。広告から僕という文字が消えて久しい。コピーから個性が無くなっていった。

僕たちのビールは、これだ。

初めて出会った時、これはコピーなのか？　と思った。これでいいのか？　だって、ビールを他で置き換えれば、車でも、デパートでも、何でも言えるではないか…どの広告主も自分の商品をこう言いたいのだ。我々の課題は、それをどうコピーで表現するのか、だと思っていた。その何も考えていないような…広告主が書いてしまったようなアカラサマなコピーに正直、面喰らった。１９８０年頃。低迷を続けるサントリービールだからこそ、このコピーは成立している、と思った。圧倒的なシェアを誇っていたキリンではこのようなコピーはあり得ない。チャレンジするサントリーだからこそ発信できたコピーだと思った。サラリーマンのオジサンたちはキリンでいい。僕たち＝アンチオジサン＝若者＝ヤングアットハートは純生を飲む！　という断定的なメッセージ。コピーはマーケティングを牽引する先鋒となる言葉なんだと、改めて学んだのだった。

ベンザエースを買ってください。

80年代半ば、日本人はバブルに酔いしれていた。広告は百花繚乱、何でもアリ、のように表現の花が咲いていた。その時いきなりこのコピーが現れた。当時絶大な人気を誇っていた小泉今日子がニッコリ笑って、こう言っていたのだ。買ってください。なんてことだ、と思った。買って欲しいから広告するのに。それをそのまま何の装飾もなく、ストレートに発信している。身も蓋もない。無さ過ぎる…これで、いいのか？　これでもコピーなのか…？　でも、俺はいま衝撃を受けている。それこそこのコピーの狙いだ。意図的なコピー。虚飾にまみれたバブル経済のなかで、人々のウワついた頭に冷や水を浴びせるようなコピーだった。この開き直りともとれるような原点回帰は、やがて1991年、宮沢りえのヘアヌード写真集『サンタフェ』の衝撃に引き継がれていく。朝、新聞を開いて腰を抜かした！　当時カリスマ的アイドルが胸も露わに新聞広告に登場している！　キャッチなど何もない。こんな広告を出されたら、俺たちはこれからどうすればいいんだ？　と途方にくれた覚えがある。

字数が尽きた…何を書けばいいかと悩む時、いつも広告の原点に帰るんだ！　と自分に言い聞かせる。答えは、先人たちのコピーの中に、ある。

しばた・つねふみ　コピーライター&クリエイティブディレクター。
1950年生まれ。博報堂入社後コピーライター、クリエイティブディレクター、MD局長、博報堂C&Dクリエイティブディレクター兼代表取締役社長を経て、リンクエスを設立。日経広告大賞グランプリ、新聞協会賞をはじめ受賞多数。著作（共著）として「ひとつ上のプレゼン」「ひとつ上のアイデア」「ひとつ上のチーム」（インプレス刊）。雑誌「クリネタ」元編集団員（2017年夏号で終刊）。

僕と養命酒とパルコとZ会。

岩田純平

僕のコピーライター人生は、養命酒という会社で養命酒の新聞広告をつくるところからはじまりました。養命酒はその名の通り、養命酒をつくるメーカーなのですが、新聞広告は社内でこしらえており、そのコピーライターとして僕は就職したわけです。コピーライターではありますが、コピーだけでなく、レイアウトやイラストまで全部一人でやっていました。

新人で入った僕は、まだまだ現実の厳しさを知らない夢見がちな少年で、「こういうのがつくりたいのだ！」と鼻息荒く、養命酒なのに缶チューハイみたいな瑞々しい広告ばかりつくっては上司に持って行き、のん気にボツを喰らってました。が、その内に、いい加減ボツばかりだと異動させられるような気がして、「こういうのつくればいいんでしょっ！」と開き直っていわゆるフッーに効能を羅列したものを持って行き、ようやく僕の原稿は世に出ることになったのです。しかし、そんな妥協の産物のような原稿の反響が意外とよかったりして、上司には「その調子で頑張れ！」とか言われちゃうし、そう言われちゃうと僕も「はい、この調子で頑張ります！」とか言っちゃうし、最初の頃の猛々しい鼻息もその頃には静かな寝息のようなありさ

けれども
君は永遠じゃない。

パルコ(1998年)○C／一倉宏

高校生は、
家に帰って
勉強しなさい。

増進会出版社(2003年)○C／福部明浩、加藤大志郎

想像力と数百円

新潮社(1986年)○C+CD／糸井重里

まで、順調に老練味あふれる職人のような若者への道を進んでいきました。「ま、所詮広告っていうのは商品を売るための手段なわけだしな。大貫卓也先生もそんなようなこと言ってたぜ」と自分を強引に納得させ、世の中のヒット広告にも、「それで商品が売れるのですかあ？」と毒づきながら、公務員のように規則正しい生活を送っておりました。

そんな頃、会社のあった渋谷をぶらぶら歩いていて、その広告に出会ったのです。「けれども君は永遠じゃない。」パルコの広告でした。なんだかよくわからないけど、僕はびっくりしました。言葉って、ただ物事をわかりやすく伝えるだけのものじゃないんだ。もっと感情の深い部分に「ゴーン」と致命傷のようなざわめきを与えることができるんだ。そういえば僕はそういう言葉が書きたかったんだよなあ。理想と現実の乖離に悩み、現実に流されて変わってゆく私をそのコピーは遠くで叱ってくれたのです。

とはいえ、養命酒で「けれども君は永遠じゃない。」と書くわけにはいきません。むしろ「若さは永遠です。」くらい書かないと怒られます。本当に書いたら薬事法的に怒られるのですが。で、どうしよう？　と迷っていた頃、僕の指針になってくれたのが「Z会」の広告でした。「受験生は、集まると遊んでしまう。」「どんな予備校にも、勉強に集中できなくなるほどの美人が1人や2人必ずいる。」「今年のセンター試験は、今日終わります。つまり明日からは高2のキミも受験生です。」新聞で見るたびに切り抜いていたのを覚えています。たしかに！　というコピーと、それを補足するイラスト。これだ、と思いました。こういうコピーを書けるようになろう。こういうイラストを書けるようになろう。こういう広告で結果を出していこう。そう誓ったのでした。まだTCCの存在も知らない頃です。

そんなZ会の広告で一番驚いたのが「高校生は、家に帰って勉強しなさい。」でした。これは渋谷のセンター街を駅の方へ向かって歩いて行くと嫌でも見えるビルの壁にデカデカと書かれていたのですが、広告は何をどう言うかもたいせつだが、どこで言うかもたいせつなのだなあと。いつかはこういう頭のいい広告をつくろうと心底感動したものです。

そんなこんなで、今に至るわけですが、最近思うのは、後世にまで語り継がれていくような一本を書きたいなあということです。たとえば「想像力と数百円」。いまこういう類いのコピーが書けたらすごいと思います。ダジャレじゃなくて、レトリックでもなくて、理屈でもなくて、正しくて、短くて、シズルがあって、普遍的で、説得力があって。かっこいいですよね。うーむ。

※2010年1月号掲載

いわた・じゅんぺい　コピーライター。
1974年生まれ。養命酒製造広報部を経て電通勤務。主な仕事に養命酒新聞広告、JT「ルーツ飲んでゴー！」、東芝「星の王子さま」「一般白熱電球製造中止」、サントリー「角」など。2002年度TCC新人賞、05、08、09年度TCC賞受賞。扶桑社より『ルーツ飲んでゴー！』が絶賛発売中。

言葉は世の中を動かすことができる

斉藤賢司

憧れたコピーはたくさんあります。「生きるが勝ちだよ、だいじょうぶ。（セゾングループ）」「男は先に死ぬ。（パルコ）」「少年は誰でも幻の女を持っている。（キユーピー）」「ハッピーエンド始まる。（伊勢丹）」。20代の頃、コピー年鑑が〝教典〟でした。何年の年鑑のどの頁に何が載ってるか覚えていたくらい。繊細な言葉、巧みな言葉に憧れて、わかったのは、僕はコピーが下手だということ。年鑑を飾るみずみずしい言葉に比べ、自分の書くものはぎこちなく、理屈が丸見え。会社の同期や後輩の方がどう見ても自分より上手い。過去を振り返って僕が唯一誇れるのは、自分が下手であることに真正面から向きあったことです。

上手い歌だけが心を動かすわけではないし、上手いサッカー選手だけがゴールを決めるわけではない。相手の好意を得るという意味で広告と恋愛は似てると思うんですが、たとえば恋愛なら言葉巧みな告白よりも、思いのあまり何も言えず唯一絞り出した「…好きです」という言葉の方が心を揺さぶる。そんなことだってある。広告はコンテンポラリーなものだから、商品と社会の関係の捉え方がリアルであれば世の中を動かせるはずだ。そんな野心を抱きました。

おじいちゃんにも、
セックスを。

宝島社 / 新聞広告(コピー年鑑掲載:1998年)○C ／前田知巳

エロカワイイ

※2004年頃より、歌手の倖田來未によって一般的な言葉として知られるようになる。

斉藤賢司

クレイジーな人たちがいる。
反逆者、厄介者と呼ばれる人たち。

四角い穴に、丸い杭を打ち込むように
物事をまるで違う目で見る人たち。

彼らは規則を嫌う。彼らは現状を肯定しない。

彼らの言葉に心をうたれる人がいる。
反対する人も、賞賛する人も、けなす人もいる。
しかし、彼らを無視する事は誰にもできない。
なぜなら、彼らは物事を変えたからだ。
彼らは人間を前進させた。

彼らはクレイジーといわれるが、
私たちは天才だと思う。
自分が世界を変えられると
本気で信じる人たちこそが、
本当に世界を変えているのだから。

Think different.

アップル(1997年)○C／TBWA\Chiat\Day

ドラマチックであるよりジャーナリスティックでありたい、と。30歳の頃です。

さて、そんな僕が選んだ3本。冒頭のコピーが〝憧れたコピー〟だとすると、〝衝撃を受けたコピー〟ですね。「おじいちゃんにも、セックスを。」を書いた前田知巳さんは僕の師匠です。当時「着地してない」という批判も多かったんですよね。僕自身、当初前田さんの意図がよく分からなかったことを白状します。ボディコピーも、ロゴ上に受けのコピーも、一切なし。あえて着地させず、考えさせる。社会への視点の提示という態度自体が、出版社の広告として成立するという発想。いま社会の問題はこれでしょう、という眼差しの精度だけで10年以上コピーのエポックを作りつづけている宝島社の企業広告は奇跡的です。

「Think different.」のフレーズ単体は〝絶対思いつかない〟ということはないと思います。アップルの歴史の軸は巨人ＩＢＭや巨人マイクロソフトとの対決ですから「different」は考えつくかも。ただ、世界の偉人たちを賞讃するあの表現は僕には思いつかない。「クレイジーな人たちがいる」に始まるあのボディコピーは僕には到底書けない。そして何よりすごいのは、そのすべてがiMacの発売から逆算して設計されていたこと。iMacのデビューのために、あの企業広告を考える。アップルの製品をクリエイティブ心を刺激するツールと定義し→その表明として人類（！）の創造力を讃え→その具現化としてiMacが登場する。その作戦。アップルという会社を、パソコンという物のあり方を本当に変える。その狙いが集約されているから「Think different.」はすごいんだと思っています。

斉藤賢司

「エロカワイイ」は、あえて広告以外から選びました。コピーライターでこれを名作コピーに挙げる人はあまりいないと思いますが、でも全く新しい概念を立ち上げたわけですよね。この言葉が生まれるまで、エロカワイイという概念自体がなかった。この言葉が生まれ、倖田來未というシンボルを持つことで、何十万、何百万という若い女性が「あんな服着たい、メイクしたい」とドッと動き出す。このダイナミズムに匹敵するものをいまコピーライターの書く言葉は生みだせているのかって思うんです。物が売れない時代といいます。コピーが効かない時代といいます。でも本当は、効いていないのは〝コピーライターの書くコピー〟なだけで、物を売っている言葉はあるじゃないかという焦りがあるんです。レトリックというタコツボの中で、業界内だけでウケるコピーを書いていないか。そんな焦り。

世の中を本当に動かしたい。言葉にはそれができると、僕は思います。

さいとう・けんじ　コピーライター／クリエイティブディレクター。博報堂を経て、2007年ホンシツを設立。マス広告から商品開発、コンテンツ開発、ブランディングまで手がける。主な仕事にトヨタ、キリン等のTVCM・グラフィック、東ハト暴君ハバネロのキャラクターコンセプト、日清食品カレーメシのネーミング、三井物産、ヤンマーのブランディング等。TCC、カンヌ等受賞も多数。

コピーは遠かった

安藤隆

好きなコピーは沢山ありますが、やはり仕事をはじめた若い時代に受けたコピーを深く思い出しますね。

自信なく社会を避ける学生で、就職活動もほとんどせず、やがて履歴書をいつでも持ち歩く、しょっちゅう会社も変わる日々がはじまって、コピーライター志望とはとても言えない、手当たり次第みたいに応募した職の中の一つとして、結果からいえばコピーライター就職をすることになるその直前と思います。

憧れていた女性と映画を見に行ったのはよかったのだけど、ありがちな無理をして難解至極な映画を選ぶという失敗をし、見終わったあとどこか白けた気配で言葉少なにすぐ帰宅すると言う女性を、渋谷まで送ってゆく顛末になって、銀座線に一緒に乗っていたときのことです。アーアーナーと天を見上げる目線の先に、ノーテンキな広告が出ていて、その明るい調子を呆然と眺めるうちサントリービール純生の広告だと気がついた。

そこにはある文句が書かれていました。ＣＭに使われている「若さだよ、ヤマちゃん！」。勢

安藤隆

若さだよ、ヤマちゃん!

サントリー / ポスター(1972年/コピー年鑑掲載なし)

考えてみれば、
人間も自然の一部なのだ。

中島薫商店 / 新聞広告(コピー年鑑掲載:1972年)○C+CD/秋山 晶

もめんと木

伊勢丹 / 新聞広告(コピー年鑑掲載:1975年)○C+CD+AD/土屋耕一

いだけの音声のように感じ特に興味を持つこともなかった文句が、印刷された文字で見たこのときふいに「言葉」に見えたのですね。とても新しい言葉に見えてアレ？ と思った。「ヤマちゃん」て、すごかったんだ！ 落胆中にもかかわらず若干興奮しました。それがコピーライターという、直後の選択に関係したわけでもないとは思いますが。

コピーライターをはじめたのは、70年代の初めで、いわゆる高度経済成長時代の終わりにあたるのですかね。公害が大きな問題になりはじめ、広告には人間回復といったコピーがにわかに氾濫していました。僕も若いコピーライターとして「人間」とか、流行の言葉を書きたいなあと思っていましたが、やっている仕事はそんな言葉とは無縁でしたね。

秋山（晶）さんのコピーからはいつも強い緊張感が伝わってきて、ハッとするコピーはきまって秋山さんという時代が僕にはありました。「考えてみれば、人間も自然の一部なのだ。」は、そのころの会社で若いコピーライターやデザイナーと、掲載誌のページを開いて長いこと見ていた覚えがあります。すげえなあという気分でみんな黙り込んで見ていました。凡百の情緒的コピーとは全然違っていた。夕方で窓から黄色い光が差し込んでいました。世界は遠いなあと打ちのめされていましたね。

そもそもコピーという言葉に出会ったのは大学に通っていた60年代の半ばごろだと思います。あのころは喫茶店文化で、どうしてあんなに喫茶店にばかり行っていたんだろうと懐かしく思い出すのですが、学校のあった池袋西口の純喫茶「フォンテーヌ」でのことでした。『話の特集』という雑誌をめくっていた、そこに土屋耕一さんが広告コピーに関するコラムを書かれていたのですね。商品を仮定して、コピーのシミュレーションをする内容で、「こう書いても、こう書いてもいいが」といくつかの見本を呈示した上で「こう書くのが一番いいよ」と模範のコピーを示すというものだったと思います。そこに「コピー」「コピーライター」という不思議な言葉が記されていた。でも理解はあまり出来なかったです。ただその記事を書いた土屋という人の光を感じとって、わが身の自信なさにまぶしく目をそらしたのを覚えています。

土屋さんのコピーからは多くの影響を受けていたと亡くなられたあとでわかりました。印象に強いのは「もめんと木」でしょうかね。新聞広告を見ながら「これだけ?・」と思いました。キャッチフレーズは価値づけを含んでいろんな屈託が入っていることが多いものですが、これはただ投げ出している。土屋さんのコピーは少し照れくさいのですね。僕も照れくささを大事にして書いています。土屋さんはコピーの冒険者だったんだなと思っています。

あんどう・たかし　生まれたのは大阪の富田林という町です。昭和20年ですが、まだ戦中で空襲があり、生まれてすぐの頃は防空壕へ避難することもあったようです。淀川ぞいの十三という町を経て、2〜3歳で名古屋へ引っ越したので大阪の記憶はほぼありません。十年ほど前、夏休みを利用して十三に3日ほど泊まり、ほっつき歩いたことがあります。父親に遊んでもらったという淀川の堤防にも行きましたが、覚えていなかったですね。この頃は酒ばかり飲んでいます。（サン・アド／コピーライター）

あの頃に受けた衝撃

中村聖子

それはまだ、私が広告業界ともコピーライターとも無縁なチャラチャラした学生時代。そのコマーシャルがテレビから流れた時の衝撃は、今でも忘れません。ファッショナブルとかスタイリッシュとは程遠い大漁旗に、ラッツ&スターの「め！」という掛け声が入ったアバンギャルドな歌。「め組のひと」なんていう聞いたこともない言葉。理屈なしに圧倒されたまま、私の中のオシャレの基準はガラガラと崩れ、完全に新しい流行の波にエイサエイサと乗っかっていったのでした。その頃、広告はいつも自分よりちょっと前を走っていて、学校で教わってきた正論や正義とは違う、庶民の哲学みたいなものを私に教えてくれました。そして、映画のような大作でも、文学のような高尚なものでもない、「広告」という俗っぽくてイカしている世界が大好きでした。

そんな頃を経て、漠然と広告に興味を持ちつつも、パッケージデザイン系の会社に就職した私は、ふらりと出掛けた講演会のようなもので次の衝撃に出くわすのです。スーツで海を泳ぐ男の映像。そこに「昨日は、何時間生きていましたか。」というメッセージが入るパルコの広

中村聖子

め組のひと

資生堂(コピー年鑑掲載:1984年)○C+CD／小野田隆雄

昨日は、何時間生きていましたか。

パルコ(コピー年鑑掲載:1986年)○C／仲畑貴志

きょ年、ここで、
10円落としたんだけどなあ。

西日本鉄道(コピー年鑑掲載:1991年)○C+CD／大曲康之

告。ぎゃあーー！　カッコイイーーー!!　しばらくそのフレーズは頭の中でぐるぐるとヘビーローテーションしつづけ、特殊な単語は何ひとつ入っていない短い言葉で、これほどまでに人の概念を変えられるのか、という深い感動と、自分もこういうものが作りたい！　という爆発的な衝動を覚えました。そこまで感銘を受けたのは、なんだか自分の中の、もやもやとしたものを、そのコピーに言い当てられたからかもしれません。

その後、私は西鉄エージェンシーという広告会社に横入りするのですが、会社の書棚にあったコピー年鑑を遡ってめくると、資生堂やサントリーなど、子供の頃に大好きだった広告や、生活の中に溶け込んでいたフレーズや、パルコのような、地方では見ることのない洒落た広告など、もう全部がキラキラと光りながら次々と目に飛び込んできました。そして、何人かの仕掛け人がいることも知りました。すぐにでもそんな広告を自分でも作れそうな妄想が膨らみましたが、もちろん現実はそんなに甘いわけもなく、当時の先輩である門田（陽）さんの下でこき使われ、日夜、ダメだしを食らう暗黒の時代へと突入。交通広告に強い会社だったので、壁には常に、誰かがつくったポスターがベタベタと貼りまくられていて、そんなポスター群を横目に見ながら、「自分にしかつくれないものをつくってやる！」と意気込みつつ、小さなリーフレットに余計なコピーを入れたりして欲望を解消する毎日。そんな中、私が入社した時からはがされずにずっと貼られたままの、妙に存在感のある大きなポスターがありました。真っ青な海から顔を出した少年の写真に「きょ年、ここで、10円落としたんだけどなあ。」という、コピーというか、小さなつぶやきみたいなユル～い言葉が、異常にでっかく入っている。それは、私がそれまでに衝撃を受けてきた部類のものとは全然違う、違和感とオーラを発していました。のちに、そのユルユルなコピーを書く人は、私と入れ違いで博報堂へ移籍した大曲（康之）さんという人だと知り、タダモノではないことを知り、翌年のコピー年鑑に、そのポスターが、キラキラした作品と並んで掲載されているのをみて、自分のいる場所が、急激におもしろい場所に思えてきたのでした。と同時に、そんなに簡単ではないということを思い知る、長い格闘の日々が始まるのです。ここまでの話は、コピーライターになる前から駆け出しの頃までの話で、コピーはそんなに感覚的なものでも表現的なものでもないのは言うまでもありませんが、それでも、あの頃に受けた衝撃やゾクゾクする感じは、今も私の中で、ひとつの指針になっています。そして、どんなに時代が変わっても、立っている場所が違っても、その自分の原点を信じつづけています。

なかむら・せいこ　コピーライター・クリエイティブディレクター。福岡の西鉄エージェンシーを経て、２００４年、箭内道彦率いるクリエイティブエージェンシー「風とバラッド」設立に参加。２０１１年、風とバラッド解散後、「中村聖子株式会社」設立。主な受賞歴に、ＪＡＡＡクリエイターオブザイヤー特別賞、ＴＣＣ最高新人賞、ＡＣＣ特別賞（企画／演出／コピー）、ＡＣＣラジオ部門金賞、タイムズアジアパシフィックアワード金賞、ＦＣＣ最高賞、他。

学ぶとは、自分が感動すること。

中村禎

大学生の頃、近所の磯子図書館でコピー年鑑を読み漁り、国際羊毛事務局のコピーに目が止まる。「さくさくさく、ぱちん。」。簡単な平仮名を並べただけなのに、鋭い洋裁のハサミがこすれて生地を切る音がはっきり聞こえた。ウールの上質さをたった数文字で表現するコピーライターって職業はすごいなと思った。年鑑に「C：西村佳也」とあった。その広告を制作したJWトンプソンに入社できたのだが、「西村さんはフリーだから社員じゃないよ」と言われ、ガーン…。その後サン・アドに入社することができ、結果的に西村さんの後輩になることができた。よかった。

サン・アドに入ってもコピー年鑑を羨望のまなざしで読んでいた。カロリーメイトの「精神力だけでは、テープを切れない。」という秋山晶さんのコピー。なんて強いんだろうとリスペクトしていた。いつかああいう鋭いコピーを書いてみたい、書きたいと思う日々。

ある日、リクルートとらばーゆのコピーで「働いているだけでは、プロにはなれない。」というコピーを書いた。「〇〇だけでは、〇〇できない。」という美しいフォーム。小僧が中村俊輔

さくさくさく、ぱちん。

国際羊毛事務局(コピー年鑑掲載：1975年)○C／西村佳也

精神力だけでは、
テープを切れない。

大塚製薬(コピー年鑑掲載：1984年)○C／秋山晶

好きだから、あげる。

丸井(コピー年鑑掲載：1981年)○C／仲畑貴志

のフリーキックを真似て練習して練習して、まぐれでシュートが入ったような感じだった。

そして「好きだから、あげる。」。このコピーが名作なのは言うまでもないが、あえて取り上げたいのは81年コピー年鑑巻末の広告。仲畑貴志さんが丸井の包装紙にくるまれた丸井の広告。AD金森周一さんの文章にゾクッとした。「昔、少年Nと呼ばれたコピーライターは単車を昭和通りに止め、足早にビルの中に入った。三度目の打合せはコーヒーで眠気を覚す事から始まり、いつもの声でコピーライターは言った。キャンペーン・コピー『好きだから、あげる』でどーやろー、と。全員暫し沈黙。ディレクターはタバコを落とし、演出家は椅子から飛び上がった。そして、その夜は一切仕事の事は口にされずコーヒーは酒に変った。」…。名作が生まれた瞬間の情景を思い浮かべ、そんなコピーをいつか書くぞと力んだことを憶えている。まだ書いていないけど。

いいコピーはひとつじゃない。人によって基準も違う。だからこそ自分が好きだと思うコピーを深く尊敬し、どうやって考え至ったのだろうと試行錯誤することはいいことだ。その意味でコピー年鑑には寡黙な師匠がこっそり隠れていると思う。

なかむら・ただし　フリーエージェント・コピーライター／クリエイティブ・ディレクター。1957年生まれ。JWトンプソンの営業を経て、サン・アドでコピーライターに。ソニーの目覚まし時計のコピーでTCC最高新人賞を受賞。その後、電通へ移籍。KDDIのコピーでTCCグランプリ、星野仙一応援感謝広告でTCC賞を受賞。2016年春、独立。フリーエージェント・コピーライターとなる。

「時代」と呼べる広告コピー

西島知宏

強烈なインパクトとともに今でも脳裏から離れないそのコトバの数々は、まさに「時代」と呼べるものだった。1988年、「X'mas Express」の衝撃。ベン・ジョンソンがソウルの五輪スタジアムを9秒79という衝撃的タイムで駆け抜けたその年、広告というコトバは知っていても、ブラウン管から流れてくるその眩しすぎる映像を広告だと理解できなかった小学5年生の私に、「これから君の人生はキラキラと輝いていくんだよ」そんな青くさいメッセージをプレゼントしてくれた。「早く大人になってみたい」そんな根拠のない夢が生まれた。

……遡ること1年前。ある美少女が突如として、世界に現れた。

「白鳥麗子です」。宮沢りえを世に出した伝説のテレビCM。白鳥麗子という、役名でありながら三井のリハウスブランドそのものを表現した秀逸な広告コピーはその後、お嬢様の代名詞ともなった。「白鳥麗子」は、何世代も引き継がれ、いつの頃からか自分の彼女の、確実な理想形となった。

リハウスガール、宮沢りえの登場からわずか4年後。理想は意外な形で打ち砕かれる。おそ

X'mas Express

東海旅客鉄道（ACC CM年鑑掲載：1990年）○C+企画／三浦武彦

白鳥麗子です。

三井不動産販売（ACC CM年鑑掲載：1988年）○C／糟谷憲一

サンタフェ

宮沢りえ写真集タイトル

らくこれまでも、これからも、世の中にあれ以上のインパクトを与える広告は現れないであろう「サンタフェ」新聞15段。165万部という写真集売上部数の金字塔を打ち立てたその「サンタフェ」は、初代リハウスガールの衝撃的ビジュアルとともに、「私を卒業して、大人になりなさい」というメッセージを、私にくれた。サンタフェショックから1カ月後のクリスマスの頃、私には初めての彼女ができ、私はいつしかリア充を求めていくようになった。サンタフェは私と、私みたいなすべての10代の、大人の入り口だったのかもしれない。

「広告コピーは効かなくなった」と誰かが言った。たしかに表現手段は多様になり、広告コミュニケーション全体に占めるコトバの存在感は薄れたような気もする。しかし、コミュニケーションが複雑になればなるほど多様な表現の支柱となるコトバの重要度は高まっていくだろう。「それってこういうことだよね」。一行が作る集約力と切れ味は、広告クリエイターだけでなく、広告主や消費者をもきっと助けてくれる。

全世代が言の葉にのせるような「時代」と呼べる広告コピーは、ここ何年も生まれていない気がする。「情報バブルのせい」と言ってしまえばそれまでだが、だからこそ、広告コピーライターのコトバに対する挑戦が、ますます意味のある時代になったと信じたい。

にしじま・ともひろ　クリエイティブディレクター、コピーライター。電通を経て、BASE代表。Webメディア「街角のクリエイティブ」編集長。主な仕事はJINS「見つめているすべてが、人生だ」、スバル「MINICAR GO ROUND」など。New York Festival、Spikes Asia、Adfest、TCC賞、TCC新人賞、OCC最高賞、インターネット広告電通賞、日本プロモーショナルマーケティングプランニング賞金賞など受賞。著書『思考のスイッチ』は日韓で発売。

ちょっと高飛車、でも素敵。

磯島拓矢

80年代。僕が中学生だった頃、NHK教育テレビに「YOU」という番組があり、その司会が糸井重里さんでした。若者を集めたトーク番組のようなもので、その司会ぶりは実に素敵でした。若者と大人の正しい距離が確実に存在し、「ああ、こういう大人にならなってもいいな」と思ったものです。西武百貨店の仕事は、その頃の糸井さんの代表作でしょう。80年代の日本に対する提言というか、新しい価値の提示というか。大仰な言い方をすれば、西武百貨店が世間に対して行った、いわば思想戦だったと思います。西武は「じぶん、新発見。」であり「不思議、大好き。」であり「おいしい生活。」で行こうと考えているが、あなた方はどうだろうか！という態度。ちょっと高飛車、でも素敵。この戦い方は、糸井さんの大発見だったと思います。

80年代のもう一つの大発見をあげるなら、「それなりに。」「いかにも一般大衆の喜びそうなアイディアですね、これは。」といったクールな言葉たちでしょう。セールスの熱っぽさを帯びてしまう広告コピーに、突然持ち込まれた冷えた言葉たち。その違和感は強烈で、中学生の僕はテレビの前でニヤニヤ笑っていたものです。

おいしい生活。

西武百貨店(コピー年鑑掲載:1983年)○C／糸井重里

いかにも
一般大衆の
喜びそうな
アイディアですね、
これは。

サントリー ナマ樽(ACC CM年鑑掲載:1984年)○D／川崎徹

タコが泣くのよォ。

サントリー(コピー年鑑掲載:1984年)○C／仲畑貴志

こうしたクールな言葉たちは、その後も脈々と受け継がれています。澤本嘉光さんがつくるソフトバンクや福里真一さんがつくるＢＯＳＳのＣＭは明らかに、80年代のクールな言葉たちが切り開いた道の先で生まれています。

しかし、糸井さんが発明した思想戦はどうか。西武以外でこの戦いに勝利を収めたのは、90年代に「それ、世の中、動かしてますか。」とか「ＬＯＶＥ」とか「ルール」とか言い続けたフジテレビぐらいでしょうか。その後、このジャンルはほぼ絶滅。いや、それを嘆いているわけではありません。２０１０年代ならではのコピーの新発見は何だろう、そんなものはあるのだろうか、と思っているだけです。

軽さと聡明さを武器に、威張らず卑屈にもならず、社会を見つめ、言葉を起こす。あの頃の糸井さんは、僕にとって永遠の理想のコピーライターです。

中学生の僕は学生鞄を斜めに下げて、幼なじみと一緒に地元の中学校に通っていました。ある日僕は、自慢げに話しかけます。「ねえねえ、イトイシゲリって知ってる？」ああ、まったく。思い出すたび、ちょっと手首を切りたくなります。

いそじま・たくや　電通 コミュニケーション・デザイン・センター クリエーティブディレクター、コピーライター。１９６７年生まれ。主な仕事にＪ-ＷＡＶＥ、日立製作所、旭化成、本田技研工業などがある。ＴＣＣ賞、ＡＣＣ賞金賞など受賞。

コピーライターの危機は、コピーが救う。

太田恵美

「履歴書がきれいすぎるんだよ」。キミはコピーライターに向いていないと、明らかにその人は言っていた。

1974年。六本木の外国人アパートの一室。ジェームス・テイラー的着こなし。スニーカーの足元には大型犬。コピーは人生が出るから、というようなことも言われた。

そう、この凡庸な履歴書からは、私の中の持て余すほどのカウンタースピリッツや自由への渇望などバレるはずもない。当然不採用。けれど、おかげで、何だかコピーライターでやっていけそうとも思えた。だって、誰もがジェームス・テイラーな生活を望んではいないはずだ。

コピーライターという職業はバイト先にあった60年代のコピー年鑑やADC年鑑で知った。そこで見た土屋耕一の作る伊勢丹の広告は、凡庸な履歴書であろう人たちに、何とも小気味よく語りかけていた。結局、虎ノ門の小さく地味な広告制作会社に入った。昼はカタログや極小スペースのコピーを書き、夜は青山VAN99ホールでつかこうへいの芝居を見続けた。挫折や屈折は、履歴書ではなく、笑いでオチをつけるものだ。

縞は三歳トクをする

伊勢丹(コピー年鑑掲載:1967年)○C/梶原正弘、土屋耕一

拳骨で読め。
乳房で読め。

新潮社 新潮文庫(コピー年鑑掲載:1987年)○C/糸井重里

つまらん!
お前の話は
つまらん!

大日本除虫菊 水性キンチョール(コピー年鑑掲載:2004年)○C/石井達矢、山崎隆明

太田恵美

やがて有名でもないのに猛烈に忙しくなった。それがバブル時代。「横文字職業＝カッコイイ」への反発も手伝い、コピーで合理的な答えを出そうという気持ちが強くなった。商品の新しい意味を発見するのが仕事だと思い込んだ。今思えば、このときがコピーライター人生の大きな危機だった。そんなある朝、いきなり新聞から飛び込んできたのが「拳骨と乳房」だった。読書の醍醐味が強烈に伝わった。意味ではない。選ばれたコトバの質の何と新しいことか。危なかった。もう少しでコピーを舐めるところだった。

そして危機、再び。コピーライターもブランディングの議論に参加し、私も大きく振りかぶった物言いや振舞いが多くなってきた頃。またもや、いきなりだった。「つまらん！ お前の話はつまらん！」とテレビから聞こえてきた。ごめん、と赤面した。ごめん。正論や原則論を語ることを、間違ってもつまらないとは言わない。けれど、「つまらん話」にしか仕立て上げられなかったら、門前払いだ。改めて、コピーライターの仕事を自覚することになった。

コピーに慰められたり救われたり。コピーは、コピーライターにいちばん効いてる。悔しいんだか、うれしいんだか。

おおた・めぐみ コピーライター。1951年生。太田恵美事務所主宰。JR東海「そうだ 京都、行こう。」、HONDA「Go,Vantage Point .CIVIC/ Jet」、HONDA CR-V「ゴメン、ちょっと行ってくるわ。」、日本郵便「そうか、年賀状書くか。」、GINZA SIX「Where luxury begins.」、サントリー天然水、「宇多田ヒカル＃水の山行ってきた」、天然水スパークリング、サントリー企業広告「ずっとずっと、水と生きてゆけますように。」ほか、『かもめ食堂』『めがね』など映画のコンセプトワークにも関わる。

LIFE IS SHORT. PLAY HARD.

神谷幸之助

なるべくあこがれのコピーをつくらないようにしてきた。なぜならば、それを目標にすると「その人以上には絶対になれない」と、若い頃、仲畑貴志さんにいわれたことがあるからだ。そういう意味で、「名作」と考えるコピーはないけれど、僕の節目となるコピーやフレーズをあえてあげるなら、以下の3つだろう。

海岸通りのぶどう色

小野田隆雄さんのこの仕事がなければ、僕は広告をつくることはなかったはずだ。高校生の夏休みの午後、母親と観ていた資生堂の「おしゃれ」という番組で流れたCM。言葉のコントラストが美しいこの逸品にうっとりしてしまった。「広告ってわるくないかも」と思った瞬間だった。この話をある授賞式の壇上ではじめて披露したら、場内にいた副田高行さんから「ずいぶん地味なコピーに影響を受けたんだねえ」といわれたことも忘れない。副田さん、ほっといてください。

海岸通りのぶどう色

資生堂（1974年）○C／小野田隆雄

LIFE IS SHORT.
PLAY HARD.

リーボック○制作／ Chiat\Day\Mojo, New York

卵が大きかったのでは
ないだろう。
私のてのひらが
小さかったのだ。

向田邦子『父の詫び状』より（1978年）

LIFE IS SHORT. PLAY HARD.

長い間、僕はナイキ社のJUST DO IT.以前のスローガンだと思っていた。「1986年にリーボックがナイキに挑戦してつくったバスケットボールシューズ。そのスローガンがLIFE IS SHORT. PLAY HARD.」というニューヨーク・タイムズの記事を最近発見した。88年のJUST DO IT.デビュー以前の話ではあるが、たしかにナイキにしては饒舌すぎる。しかし、僕がこのコピーに発奮したのは事実で、会社の転職を繰り返すときいつもこのコピーを頭で叫んでいた。そして誤解したままナイキの広告に興味をもち、ワイデン+ケネディ社に移籍したことになる。どおりでナイキの社員に質問をしても知らなかったはずである（苦笑）。

卵が大きかったのではないだろう。私のてのひらが小さかったのだ。

広告コピーではないから、このコーナーの趣旨に反してごめんなさい。向田邦子著『父の詫び状』の最後の一遍「卵とわたし」の、その最後の一行。あの衝撃を忘れることはない。「海岸通りのぶどう色」が、広告をつくってみたいと思ったきっかけならば、こんな文章を書いてみたいとはじめて思った瞬間であった。いまだに書けないけれど。ちなみに僕の文章読本は、倉本聰さんの全シナリオと向田邦子さん全仕事です。

かみたに・こうのすけ　クリエイティブディレクター。数社を経て、電通、ワイデン+ケネディ トウキョウ、2008年ナカハタに参加。最近の仕事に、ファイザー 禁煙キャンペーン、キリンビール 本格〈辛口麦〉、アデランス、MS&ADホールディングス、三井住友海上、富士重工業（スバル）EXIGA、ナイキ、公文などがある。

時代とコピー。

名雪祐平

一社、一商品にとどまらず、一時代を切り取っているコピーに惹かれます。

1980年代前半、ぼくはムサ美の学生でした。すごくおもしろい時代だったと思います。村上春樹、野田秀樹、YMO、ビートたけしという人たちが一気にメジャーになり、糸井重里さんを筆頭にコピーライターブームも起こりました。世の中のポップカルチャーがどんどん新しくなって、おかげで、美大で学んでいたアカデミックな舞台美術やテレビ美術がとたんにカビ臭いものに感じました。

坂本龍一の『戦場のメリークリスマス』サントラ盤の広告を初めて見たのは、たぶん、ぴあです。「異常も、日々続くと、正常になる。」ダークサイドをのぞくような、危険でかっこいいコピー。しびれました。お祭り騒ぎになっていく80年の年代全体の予言にも読めます。

さて就職は、東京初台のお菓子メーカーのビルにある会社に、なんとか宣伝課員の身分で入社することができました。ネクタイをしたサラリーマンとして、否応なくバブル期へとすすんでいきます。ある日、ガールフレンドと池袋駅構内を歩いていたら、1枚のポスターがつぶや

異常も、
日々続くと、
正常になる。

ロンドンレコード(1983年)○C/仲畑貴志

ほしいものが、
ほしいわ。

西武百貨店(1988年)○C/糸井重里

NO MORE IMAGE!
PARCO

パルコ(2001年)○C/谷山雅計

いていました。「ほしいものが、ほしいわ。」と。

　このコピーについて消費社会うんぬん、という広告論ではなく、ごく個人的な印象をいうと「いまの会社、あきあき?」「いまの彼女、うんざり?」と、いろいろな清算を迫られている気分になりました。コピーのせいだけじゃないけれど、その後、転職したり、失恋したり、結婚したり、離婚したり、コピーライターになったりしました。

「NO MORE IMAGE! PARCO」はたしかＪＲ渋谷駅ハチ公口の改札出たところで、床に貼り付けるタイプの広告でした。ぼくの誤解だったんですが、腰を抜かしそうになったんです。ニューヨークの9・11からほどなく、ジャンボ機がビルに突っ込む映像が頭にこびりついていました。そんな時に偶然見た、このパルコのコピーがとてもショッキングでした。世界は動くだろう、テロリストに都合のよいＩＭＡＧＥを捨て、一歩進まなければ。勝手な読みです。本来の広告目的は違うとわかっていますが、それでも、新しい時代への決意のような、ものすごく大きなコピーとして可能性を感じました。

なゆき・ゆうへい　名雪ダイレクション代表。コピーライター、クリエイティブディレクター。採用・企業・商品ブランディングや、経営理念策定・インナーブランディングを手がける。主な実績／ユニクロ、パナソニック、ＮＨＫ、リクルート、クラシエ、丸善、ＢＥＳＳ、栄光ゼミナール、品川女子学院など。ＴＣＣ賞、ＴＣＣ審査委員長賞、日経広告賞グランプリなど受賞。

アウトプットがすべて

玉山貴康

千年坂のCMは、まだ父が生きていた頃、母と僕が大笑いした墓地のCM。強烈に覚えている広告の原体験です。玄関に寂しそうに寄り掛かるお婆さんが天に向かって話しかけている。「あんさん、はよそっちへ呼んでおくれやす」。すると雲が流れる空からこう聞こえてくる。「まだ来んでええ」。天国でお爺ちゃんはいったい何をやっているのか？（笑）可笑しすぎる。うちの父の場合、きっとダイアナ元英皇太子妃とよろしくやっているはず。なぜなら、ダイアナ妃の事故死があった翌日、後を追うように（？）逝ってしまったから。享年58歳。大腸がんだった。

転局し2年ほど経った頃、このCMをつくった林尚司さんと仕事をさせていただく機会に恵まれた。そこで、仕事に対する考え方がガラッと変わった。とにかくどんな事情があろうとも、絶対オモロイモンつくるんや！　それしかない。〝アウトプットがすべてなんや〟と教わった。林さんは、それを口には出しません。普段の態度からそれがビシビシ感じとれるのです。CMよりコピーに傾注していった自分ですが、林さんの仕事に対する姿勢に強い影響を受けました。

しかし、鳴かず飛ばずは変わらず。基礎からやらねばと、コピー年鑑の写経ばかりしていた。

玉山貴康

「あんさん、
はよそっちへ
呼んでおくれやす」
「まだ来んでええ」

千年坂(1990年)○C／林尚司

マーケティングが
つくれないもの。

レミージャポン(1991年)○C／小霜和也

誰も起こしてくれない、
一人暮らし。
悪いのは、誰だ。
アッ僕か。

ソニー(1981年)○C／中村禎

その中でひときわ印象に残ったのが、レミーマルタンの「マーケティングがつくれないもの」。調査データで語ることは無意味と言わんばかりの、ブランドの強い信念を十分感じることができたし、クリエイティブでやっていこうとする当時の自分を奮い立たせるものでもありました。

そして中村禎さんの目覚ましラジオのコピーをみた時、他のものとはちょっと異なる印象を持ちました。80年代前半の傾向として、企業や商品の言い分を短いフレーズにのせ、そこからボディコピーを読ませる的な構造が多かったのに対して、「ゴメン、ゴメン、寝坊しちゃった、ハハハさようなら」「アイツは、時間にルーズな奴だと思いこまれつつある。マズイ。マズイ。」などのコピーは、生活実感が飾らずにまんま出ちゃってる。明け透けで素直。今日的な〝つぶやき共感系コピー〟の原点を見る気がしました。写経した当時、アッ、こういうふうに書いてもいいんだと、心がぐんと自由になったのを、いまでも昨日のことのように思い出します。

たまやま・たかやす　コピーライター／クリエーティブディレクター。1991年電通入社。SP局配属後、32歳でCR局に転局。主な仕事に、ホンダFIT「DON'T STAY.」、オリコカード「俺LOVEオリコカード」、三井住友銀行「ひとりひとりが日本代表。」、ACジャパン「こだまでしょうか」、キヤノンEOS60D「趣味なら、本気で。」、島根県自虐カレンダー、オートバックス、ハウスメイト、味の素アミノバイタル、キリン氷結、西武百貨店、セコム、第一生命、日本ハム、ユニクロ、楽天トラベルなど。2005年TCC新人賞、07・10年TCC賞など受賞多数。

広告アイデアは陣取り合戦。

國武秀典

広告アイデアは陣取り合戦のようなものだと思っている。

コピーもそう、CMもそう、ビジュアルもそう。一度立てたアイデアのフラッグは余程のことがない限り侵されることがない。「悔しい、もうあの手は使えない!」と言わしめるエクスタシー。生きている間に一本でも多くオリジナルアイデアを世の中に出したいという生理的欲求が常に僕の中にある。31歳のとき、他業界から広告の仕事に携わった大きな理由だ。

さて、名作コピー。しかもベスト3と聞かれると、「僕なんかが!?」と恐れ多いと同時に自分の奥深くを覗かれるようで何だか照れくさい。そこで「21世紀に残したい歌♪ベスト3」ではないがその時々の印象的な記憶のシーンで流したいBGM(歌詞)を選ぶような感覚で…。

「愛とか、勇気とか、見えないものも乗せている。」。九州から上京した10代最後の年、期待と不安と受験を抜けた安堵感とかいろんな感情が交錯して新幹線に乗り込む。母が幼児のように泣きながら駅のホームに立っている。車内の目線が気になって無視を決めこむ。母の涙をみっともないとあざ笑う自分…でも東京に近づくと急に涙が毀れて…。

愛とか、勇気とか、
見えないものも乗せている。

九州旅客鉄道(1992年)○C／仲畑貴志

英語を話せると、
10億人と話せる。

ジオス(1998年)○C／岩崎俊一、岡本欣也

プロの男女は、差別されない。

リクルート(1986年)○C／中村禎

「英語を話せると、10億人と話せる。」。時計の会社に勤めていて海外出張が頻繁にあった時期。自分の意思が思うように伝えられない不甲斐なさと腹立たしさ。必要に迫られ毎朝NHKの英語講座を貪るように見ていた。いろんな英会話スクールの口説き文句を見てきたけれど、都合の良い自慢コピーばかり。このコピーはスケール感といい、発見といい、何しろモチベーションが上がる。なるほどその手があったかと。

「プロの男女は、差別されない。」。ある女性コピーライターと「コピーライターの男女比率」について話していた時のこと。圧倒的に男が多いのはなぜ？　という話になって「そもそも日本は男尊女卑社会だし、夜は遅いし時間も不規則、所詮女は不利なのよ」。自分のスキルを棚上げする女性に腹が立ったが、ズバッと反論できない自分にも腹が立った。俺はコレが言いたかったんだ、問答無用のコピーに痞えていた胸がスッキリ…。

自分にとっての名作コピーとはつまりコロンブスの卵というか、答えを見てしまうと何でもないアイデア。でもゼロから考えるのは辛く大変なこと。これが広告アイデアの醍醐味。これからも私の陣取り合戦は続く。

くにたけ・ひでのり　大広九州 シニアクリエーティブディレクター、CMプランナー、コピーライター。福岡県生まれ。服部セイコーから、31歳のとき電通東日本へ。電通九州、オグルヴィ・アンド・メイザージャパンを経て、2010年より現職。主な仕事に、トヨタ自動車、トワイニングジャパン、九州電力、その他行政関係多数。TCC新人賞、広告電通賞、消費者のためになった広告コンクール、05年クリエイター・オブ・ザ・イヤー・メダリスト賞ほか受賞。09年ニューヨーク・フェスティバル テレビシネマ部門審査員。

私を開眼させたコピーたち

山崎隆明

若い頃。私はこのしごとが楽しくなかったんですね。自分のできなさに加え、コンサバなクライアントからの無茶な要望。出来上がる制作物もはっきり言って、ゴミでした。元来真面目な性格も災いし、「つまらないけど、仕事とはこういうものなのだ」と自分に言い聞かせて、日々過ごしていました。ある日不毛な作業で残業していた時、偶然石井達矢さんの作品集をみる機会があったんですよ。陰鬱な気分が吹き飛ぶぐらいばかばかしくて、商品のことがよくわかるCMのオンパレードでね。そこには、「そんなに悩むことないぞ」という答えがたくさんありました。というわけで。今日はそのなかから3本ご紹介します。

「ダダーンボヨヨンボヨヨン」。商品は栄養ドリンクの「ダダン」。女子プロレスラーが水着姿で叫びながら、胸を揺らすCMでした。こんなものを公共の電波で流していいのか、とワクワクしましたね。広告を拒否しようとする視聴者の心の壁を木っ端微塵にして体内にメッセージが入り込んでくる感じが、たまらなく魅力でした。通常コピーは日本語で考えて意味を伝えようとするのですが、このコピーはメッセージ（商品名）を音化することで、右脳を直撃する。若

山崎隆明

ダダーン
ボヨヨンボヨヨン

ピップフジモト(1991年)○C／石井達矢

亭主元気で留守がいい

大日本除虫菊(1986年)○C／石井達矢

私の意見は朝日新聞の
ウケウリです

朝日新聞(1990年)○C／石井達矢

い頃あれこれ複雑に企画やコピーを考えていた私は、このCMで熟考することから解放されました。

「亭主元気で留守がいい」。広告は世の中できっちり広がって、はじめて広告として機能する。広告にまったく興味がない私の両親も、しょっちゅうこのセリフを口にしていました。送り手が伝えたいメッセージを受け手が聞きたいメッセージに包んで発信する、という術を学びました。

「私の意見は朝日新聞のウケウリです」。読者のウケウリっぷりがとても滑稽で大好きなCMでした。権威と目線の低さを共存させた名作だと思います。CMというとすぐストーリーを考えたりしますが、商品まわりに骨太なコピーがひとつあれば、それだけでCMができるんです。

石井さんの作品集を見終わった後、急にやる気になったのを覚えています。自分がつまらないと思ってやっている仕事がこんなに楽しいものを作る可能性がある、という当たり前のことに気づいたんですね。いつかは石井さんのようなCMを作ってみたい。神頼みというか、すがりつきたいものがその作品集であり、コピーでした。

やまざき・たかあき　株式会社ワトソン・クリック クリエイティブディレクター。京都府生まれ。1987年電通入社。2009年「ワトソン・クリック」を設立。洋画風映像にアフレコした「ホットペッパー」、のんの「LINE mobile」、「ビッグベンとリトルベンのTOTO「ネオレスト」、つまらんの「キンチョール」、草彅&香取のアンファー「ミノキ兄弟」など数多くのCMを制作。キャンジャニ∞「Candy My Love」、SMAP「チョモランマの唄」などの作詞作曲も手がける。クリエーター・オブ・ザ・イヤー、TCCグランプリなど広告賞受賞多数。

生活カルチャーと広告。

小霜和也

恐縮ながら、自分の話から入ります。広告キャンペーンを企画するにあたって、僕は、ある一つのスタイルを大切にしています。それは、商品にその商品ならではの「生活カルチャー」をくっつけるやり方です。

一例を挙げますと、佐藤浩市さんの一番搾りキャンペーンでは「日本の隠れたうまいものを見つけよう」というカルチャーを商品にくっつけました。いまご当地グルメとかB級グルメが人気ですが、少なからず影響を与えたのではと思っています。「うまいものに合う」内容のビール広告は他にもいろいろありましたが、それらはスペック表現であって、目指すものが異なるわけです。今でもたとえ小規模の案件であっても、僕はそういうことを常に狙っています。

ただこの流儀は、僕のオリジナルではありません。先達はとっくの昔からそういう意識を持って広告を企画されてきたように感じます。いま思うと、僕は、それらから影響を受けていたんだなあという気がすごくします。仲畑さんが丸井のコピーで表現していることは、今では当たり前と言えます。ギフトは自分の気持ちを先方に伝えるためのものですよね。しかしかつて

好きだから、
あげる。

丸井(1980年)○C／仲畑貴志

都市とマヨネーズ。

キユーピー(1983年)○C／秋山晶

このジャンパーの
良さがわからないなんて、
とうさん、
あんたは不幸な人だ！

リクルート(1974年)○C／糸井重里

小霜和也

ギフトと言えば石けんやシャンプーが定番で、「カタチ」だけのものでした。ギフトを「義理」ではなく「気持ち」で選ぶ、というカルチャーが一般化したのはこのキャンペーンあたりからではないでしょうか。

秋山さんはマヨネーズに「健康でスマートな都市生活」というカルチャーをくっつけてしまいました。また糸井さんはTCCの新人賞を獲られた1970年代からすでに、「新世代」という価値観を商品にくっつけようとしていたわけです。若いコピーライターたちの中には過去に「名作コピー」が通用したのは「時代がよかったから」という諦観がありますけれども、レトリックや斬新な言葉遣いなどコピーの表面しか見ないとそういう結論になります。大事なのはその根っこにある、何かを創り出して商品にくっつけてやろうという意気込みではないかと。

僕は広告の「クリエイティブ」とはそういうことではないかと思っています。人々を商品の世界に巻き込む原動力は、その商品が持つカルチャーによって価値観が変わったり、習慣が変わったりする揺らぎだし、それが広告の醍醐味であり、作り手の楽しさだろうということです。

こしも・かずや　コピーライター／クリエイティブ・ディレクター／クリエイティブ・コンサルタント
1962年兵庫県西宮市生まれ。東京大学法学部卒業後、博報堂を経て、現在no problem LLC.代表。内閣府政府広報アドバイザー。これまでの主なクライアントは、PlayStation、日本生命、TOYOTA、コーセー、POKKA、資生堂、明治製菓、愛 地球博・日本館、SONYMusic、サントリー、日産自動車、他多数。ACC賞、ADC賞、準朝日広告賞、JRポスターグランプリ、フジサンケイ広告グランプリなど受賞多数。

歌謡曲的コピー。

島田浩太郎

バブル崩壊を目前にした1990年代前半に、ぼくはコピーライターになった。経済的にはバブルの恩恵を受けなかったが、それでも時間は自由だった。徹夜はまだ働き者の象徴で、思う存分に徹夜を楽しめた。ちょっとした仕事でも、むりやり朝まで机にしがみついていた。しーんとしたオフィスで、80年代後半から90年代前半のコピー年鑑を食い入るように眺めた。あの頃の年鑑に掲載されていたコピーは、やさしいおとなの仕事だった。

JR東海のX'mas Expressシリーズは、ぼくを広告業界に導いてくれた仕事。「私のジングルベルを鳴らすのは、帰って来るあなたです。」(C/平野由里子)、「帰ってくるあなたが、最高のプレゼント。」(C/安藤温子)一行で一本の映画のように若者の胸をときめかせた。「憲法第二十二条には『職業選択の自由』と書いてある。」(C/一倉宏)就職情報誌の憲法を引用したこのコピーに、コピーライターという職業のやりがいを感じられた。「知性を一本ヌキに行こう。」(西武百貨店、C/糸井重里)、「ダイエットには、甘い恋を。」(伊勢丹、C/眞木準)当時は、百貨店の広告も元気で、ぼくたち若いコピーライターのあこがれの対象だった。今では負のイメージ

私のジングルベルを鳴らすのは、
帰って来るあなたです。

東海旅客鉄道(1989年)○C／平野由里子

憲法第二十二条には
「職業選択の自由」と書いてある。

学生援護会(1989年)○C／一倉宏

知性を一本ヌキに行こう。

西武百貨店(1989年)○C／糸井重里

がつきまとい、笑いものの時代、バブル期だが、それでも広告は、コピーは、希望できらきらと輝いていた。

阿久悠さんが、歌謡曲の詞とJ－popの詞の違いについてインタビューでこんなふうに答えていたのを思い出す。「ふたつは映画とブログほど違うと思いますね」と。「誰かが喜んでくれるといいな」、「誰かが興奮してくれるといいな」、「誰かが美しくなってくれるといいな」と願いを込めながら一つの世界をつくるのが映画で、「俺はこんな気持ちで悩んでいるから俺の気持ちわかれよ」っていっているのがブログ。それくらい違うと。当時すでに、コピーが個人的になった時代と言われていたが、それでも、ぼくには、あの頃のコピーや広告が歌謡曲の詞のように思える。別に、むかしがいいと言っている訳ではなく、時代は変わったし、いまの広告の手法やテクノロジーに背を向けるつもりもない。むしろ積極的でいたいと思う。ただ歌謡曲や映画のように、誰かを幸せにするために広告はあってほしいと思っているし、できるかわからないが、ぼくはそんな広告を目指していきたい。

しまだ・こうたろう　フロンテッジ クリエイティブグループ クリエイティブディレクター／コピーライター。
主な仕事に、WALKMAN「歌え、10代。Project」、BMW MINI などがある。TCC会員、ACC賞、TIAA など受賞。

いいコピーはいい先生。

呉功再

1992年春。Jリーグ開幕まで1年の頃。舞浜にあったジェフユナイテッドのショップでバイトをしていた。当初は土日でも何も売れない日があったりして、マグカップを自分で買って売上げ0円を阻止したりと、申し訳ない状況だった。それが、93年5月。Jリーグの開幕で一変する。開幕の新聞広告のキャッチ「夢でした。」じゃないけど、ユニフォーム売り切れです！ すいません！ なんて夢みたいなことが現実になった。ただただ平和に賑やかに人モノ金が躍る。広告のひとつのゴールが祭りをつくることだとしたら「Jリーグ」は20世紀に生まれた最高の祭りだったと思う。スポンサー企業のCMの中でVERDYのラモスは最高だった。コカ・コーラのスピード感あるCMはクールだったし、永谷園のJリーグカレーのCMは見るたびに笑った。Jリーグカレーをぱくつくうちに、「まさお」がすくすくとモーフィングしラモスに。完食した皿を手にひとこと「おかわり」。替えようがない言葉ってすごいなと。

翌年、博報堂入社。偶然にも「まさお」を生み出した宮崎（晋）チームにコピーライター配属。チームの価値軸は「面白い」かどうか。書きまくる。某銀行の打合せで「面白い」を履き

「はい、まさお、Jリーグカレーよ」

「いただきまーす」

「もりもり食べて強くなってね。おいしい？」

「まさお！？」

「おかわり」

永谷園（1993年）○C／井村光明

いくぜ、100万台。

ソニー・コンピュータエンタテインメント（1995年）○C／小霜和也

きょ年の服では、恋もできない。

踊れるバーバリー。

三陽商会（1996年）○C／眞木準

呉功再

違え谷山（雅計）さんにマジギレをくらった2年目の頃。セガサターンを担当することに。これは自分自身がターゲットだったので「個人的な面白い」と「商品にとってのそれ」が一致していてとても書きやすく楽しくてしょうがなかった。商品も売れていたし。そんな中、プレイステーションの「いくぜ、１００万台。」です。実際の売行きではなく「いくぜ！」。競合商品の担当として、とても嫌なコピーだったし世の中的にも効いたコピーだと思う。このコピーをきっかけに「売る」ことを過剰に意識しはじめた気がする。広告表現だけで売れる売れないが決まるわけではないがトラウマ的に反応してしまう。だから、ユニークで商品も売れていて長く続いている広告をリスペクトします。キユーピーだったり京都だったり。そこには強いコピーライターが存在し、責任を果たし続けているわけで。理想です。

「きょ年の服では、恋もできない。踊れるバーバリー。」は「コピーは価値であり、自由である」ということを教えてくれたお手本。このコピーと出会ったあたりから、書くものが少し変わっていった気がする。

お・こんじぇ　１９７０年千葉県生まれ。94年博報堂入社。２０１３年4月から（株）O。主な仕事にトヨタ自動車「VOXY」、コニカミノルタ 企業広告ほか。TCC賞、日経広告賞、読売出版広告大賞、東京インタラクティブアドアワード、NYフェスティバル、クリオ賞、カンヌ国際広告祭、アジアパシフィック広告祭など国内外の受賞多数。

思い出

赤松隆一郎

今回挙げた3つのコピーは、僕がこの原稿の依頼を受けた時に、コピー年鑑とか、広告関係の雑誌とかを一切見ないで、ただ純粋に思い出したものの最初の3つです。いつ頃、どこで見たのか、詳しいことは思い出せません。ただ、どのコピーも初めて見た時に、共感と羨望と嫉妬が同時に沸き起こったこと、これを書いたのは一体誰だ？　と思ったことが共通しています。

中でも「恋人は、しょせん素人です。」というコピーには、大げさではなく、度肝を抜かれました。なんだこれはと。爆笑しつつ、ものすごく嫉妬してる自分がいた。確か、小さな枠の新聞広告だったと思うんです。ちょこん、と載ってた。なのにこの破壊力はなんなんだ、と思った。おまけに、ちょっとヘルス東京に行ってみてもいいかなあ、と思っている俺はなんなんだと。「人を救うのは、人しかいない。」は、テレビCMで初めて見たとき、ああ、本当にそうだ、と思った。これは真実だ、と思った。そういう意味において、公共広告とヘルスの広告という同時に紹介してもいいのかよこれ、っていう二つのコピーは一緒に紹介されるべきなんです、僕の中では。「驚くべき速さと深さで、本質をついている」という意味において。ナイキの「ＪＵ

恋人は、しょせん素人です。

ヘルス東京(1999年)○C／手島裕司

人を救うのは、人しかいない。

公共広告機構(1994年)○C／石井達矢、山本良二

JUST DO IT.

ナイキ(1988年)○C／Dan Wieden

ＳＴ ＤＯ ＩＴ.」もそう。アスリートの本質をアスリートの持つ俊敏性にふさわしい言葉で言い当てている。

ヘルス東京の話に戻りますが、僕はこのコピーを見て、このコピーに賞を与えた、福岡コピーライターズクラブ（ＦＣＣ）に、自分も認めてもらいたい、と思ってエントリーをするようになりました。大学卒業後銀行に勤務していて、いろんな事情で転職し、広告の仕事を志したのは28歳。愛媛県の松山でクリエイターとしてのキャリアをスタートさせた自分は、とにかく誰かに誉めてもらおうと必死だった。そして、何度かのエントリーを繰り返して、最初に僕の仕事に賞をくれたのも福岡コピーライターズクラブでした。そこで、いくつかの運命的な出会いがあって、福岡の人たちのあたたかく、面白く、粋で、おおらかな気質に触れて、その気質をさらに濃縮還元したような、福岡のスタッフたちに支えられて、一つのＣＭが完成しました。その仕事が、僕を今の場所まで連れて来てくれました。一行の小さなコピーは、時に人の運命をも変えてしまう。そうですよね？　手島さん。

あかまつ・りゅういちろう　（株）電通　ＣＤＣクリエーティブディレクター・ＣＭプランナー　サントリー「グリーンＤＡ・ＫＡ・ＲＡ」、「やさしい麦茶」「角ハイボール」・ダイワハウス「Ｄ-ｒｏｏｍ」・ＪＣＢカード・マツコデラックスのアンドロイドを製作した「マツコロイド」のプロジェクトなど。カンヌライオンズ銀、アドフェスト金、ＯＮＥ ＳＨＯＷ金、ＡＣＣ金賞、特別賞などを受賞。クリエイティブディレクション・企画・ＣＭ音楽の作詞作曲までトータルで行う独自のスタイルを持つ。音楽ユニット「アンチモン」でミュージシャンとしても活動。

普遍的でシンプル。

細川美和子

電通の面接で「好きな広告はなんですか？」と聞かれて、生意気にも「広告、あんまり好きじゃないんです。押しつけがましくて…」なんて答えていたとき。ひとつ、好きな広告がある、とあげたコピーが「そうだ京都、行こう。」でした。高校生ぐらいからずっと見ているキャンペーンでしたが、なんだかえらく気持ちが豊かになるなあ、と。広告なんて枠組みすら意識してないころから、つらいことが重なって、旅に出たい時なんかに、ふとこのコピーをつぶやいていました。そうやって人々の口の端にのぼるのがいかに重要で、いかに難しいかを今になって痛感していますが、面接を受けてたころは「これからは、図々しくてツマラナイ広告を減らして、こういう見る人の気持ちを豊かに刺激する広告をもっと増やすべきです」なんて言って、クリエイティブ局を志望していました。

同じ感じ方で、ウーロン茶の広告も大好きでした。どれも素晴らしいですが、選ぶなら「ウーロン茶ですよ。」かなあ。こんなシンプルな言葉なのに、夏の一瞬の思い出や経験したはずのないことまで、ぱあっと刺激されていく感じがします。しっかりコピーの技術があった上で、も

そうだ京都、行こう。

東海旅客鉄道(1993年)○C／太田恵美

ウーロン茶ですよ。

サントリー(1998年)○C／安藤隆

Yonda?

新潮社文庫(1998年)○C／谷山雅計

っと心の深いところで仕事してる。だから中国のお話なのに、普遍的にぐっとくる。「それゆけ私」も「ゆっくり恋をしよう。」も。ＣＭのナレーションも大好きです。「ロンさんを見ただけで、ウーさんは温かくなれた。」とか、どうやって書くんだろう。夢が叶って前田良輔監督と仕事できる機会があったのですが、「コピーライターっぽいコピー書くよね。もっと色気がある言葉が必ずあるはずだよ」って何度も言われました。凹みましたが、そうやってちゃんとコピーの力を信じて守っている人がいることにぐっときました。なんとかがんばって、応えたいなあ……。でも、そのレベルまで行くと、生き方とか心のありようが全部出てしまうので、おそろしい仕事ですね。

あと、ちゃんと機能する言葉、である、というのも大事。「Yonda?」も、角川書店さんの仕事をしているので、常に意識しているコピーです。短くて、チャーミングで、日常の言葉で、でも売りにつながる。実は自分もこの言葉に誘われて、学生の頃に何十冊も本を買いました。ずっと続くキャンペーンを支える、普遍的で強固でシンプルな言葉。自分も見つけだしたいなあ、と思います。

ほそかわ・みわこ　コピーライター。２００１年電通入社。コミュニケーションデザインセンター勤務。中央酪農会議「牛乳に相談だ。」角川文庫「発見！角川文庫」、東京ガス「お弁当メール」など。

Copy selected by copywriter

恋人は、
しょせん
素人です。

3,800円（30分）
ヘルス東京
TEL.092-781-2271
中央区港2-6-3
AM10:00～

※18歳未満お断り

恋人は、
しょせん
素人です

ヘルス東京（1999年）　C／手島裕司（利助オフィス）

※画像に記載の連絡先は、1999年当時のものです。

そうだ
京都、
行こう。

東海旅客鉄道(1993年)
C／太田恵美　CD／渡邊哲也　AD／大藪厳太郎　D／東福秀哉　CA／高崎勝二

本当に思うことをコピーに。

稗田倫広

「ただ一度のものが、僕は好きだ。」。

福岡の大学に通っていた頃、図書館で手に取ったコピーの本に、そのカメラの広告は載っていた。ボディコピーはこう始まる。「陽が昇り、陽が沈むように、青春は訪れ、通りすぎて行く。きょうという日は、ただ一日。いまという時は、ただ一瞬。」かっちょいい。古い本だったが、そのコピーに古さはなかった。小説を読んだような感覚。広告が持つ自由と可能性を感じた。コピーに興味を持ったのはそれが初めてだった。

その後、コピーを書いたこともないくせにコピーライターを志望し、案の定就職活動に失敗した僕は、大学を卒業してバイトをしながら福岡のコピーライター講座に通い始めた。将来が見えなくて、不安だったけれど、とにかくコピーを書きまくった。たぶん人生初の、死に物狂い。電通九州に契約社員で入ることができたのは、講師だった内藤（謙一）さんのおかげ。僕は内藤さんのためなら何でもしようと心に決めています。

「仕事を聞かれて、会社名で答えるような奴には、負けない。」。電通九州には約8年いた。今

ただ一度のものが、
僕は好きだ。

キヤノン(1978年)○C／秋山晶

仕事を聞かれて、
会社名で答えるような奴には、
負けない。

リクルート(1997年)○C／紫垣樹郎

WAR IS OVER!
IF YOU WANT IT

John Lennon & Yoko Ono(1969年)

Tomohiro Hieda

振り返っても本当にすばらしい会社だった。みんな優しくてあたたかくて。でもいつの間にかその居心地の良さに甘えるようになっていた。コピーが書けない、企画が通らない。それを上司や営業やクライアントのせいにするようになっていた。本当は自分のせいなのに。そんな時、このコピーを思い出した。大切なのは、会社名ではなく個人名で生きることだよ、と。

福岡から東京へ。ロックンロール食堂に移って、僕は箭内（道彦）さんから大切なことをいくつも教わった。コピーへの考えもガラリと変わった。「クリエイティブは鑑賞物じゃない。行動の起爆剤なんだ」。「世界でたった一人にだけ強く伝わるコピーを書けばいい」。本当に思うことを、信じることを、今コピーにしたいと思う。広告にできることはきっとたくさんある。今試されているのは人間力だ。

「WAR IS OVER! IF YOU WANT IT」。ジョンとヨーコがNYのビルボードに掲げたメッセージ。ベトナム戦争中のクリスマスイブの日に「戦争は終わった！」と宣言して、「君がもし望むなら」と下に小さく付ける皮肉。僕が大好きなこのメッセージも「平和」の見事な広告なのだと、今改めて思います。

ひえだ・ともひろ　クリエイティブディレクター・CMプランナー・コピーライター。2013年夢の稗田株式会社設立。主な仕事に、東京メトロ「家でやろう。」、NHKアニメ「ムズムズエイティーン」、TOYOTA「GR」など。

お前、逃げてないか。挑んでるか。

赤城廣治

すみません、いきなり「お前」だなんて。その「お前」とは僕のことです。今回、選ばせていただいた名作コピーが僕に、ずっと問いかけてくるんです。お前、ちゃんとやってるのか？広告から逃げないでちゃんと勝負してんのか？　と。

「拳骨で読め。乳房で読め。」。そのコピーに出逢ったのは東横線の中でした。中吊り広告。緒形拳さんが水に浸かって読書している。お前、男としてちゃんと生きてんのか、と問われた気がして…緒形拳の「拳」は「拳骨」の「拳」だったんだと感心したり…あまりにボケーっと見つめ続け、バイト先の横浜で降りるのも忘れ、次の高島町まで行ってしまいました。それまでなんとなく教師志望だった大学生の僕の頭の中は、広告とコピーのことでいっぱいになってしまったのでした。ガーン。

それから2年、僕はなんとかコピーライターになれたのですが…まったく書けない日々が続きました。ある日、すがるように開いたコピー年鑑で出逢ったのが「ほぼ想像できる。はいてる奴の腕力。」。カッコよかった。その広告には緒形拳さんのような俳優はいません。ジーンズ

拳骨で読め。
乳房で読め。

新潮社(1987年)○C／糸井重里

ほぼ想像できる。
はいてる奴の腕力。

BIG JHON(1985年)○C／仲畑貴志

お手本は、柿ピー。

東京海上+日動火災(1978年)○C／谷山雅計

をはいた男の足元が映っているだけ。それだけに、僕はいろいろ見透かされたキモチになりました。はいていたラングラーを慌ててビッグジョンに変えました。そんなことしても、このコピーが問うてくる男の生き様みたいなものは何も変わりはしないのに…ただうすっぺらいアホでした。

このふたつの名作コピーが、商品を通じて生き方の本質を突きつけてきたのに対し「お手本は、柿ピー。」は企業と企業の合併の本質をズバッと言い当て、そういうメッセージを発する企業のセンスと姿勢をプレゼンテーションしてきます。新聞広告で握手する二人の社長に一見不似合いな「柿ピー」。これを世に出す実現力も含めて、大リスペクトです。

今回選ばせていただいたコピーはどれも決して商品から逃げずに真っ向から放たれた、名作ばかりです。「己の本質で読むかそうでないか」「はいてる奴かそうでないか」と問いかけてくる。「理想の合併とは？」という議論を投げかけてくる。そこが凄い。この3つのコピーから感じとった衝撃を、僕は忘れません。そしていつか震えるほど、いいコピーを書かないとな…そうだろ？　ラングラーだった、二十代の赤城廣治…。

あかぎ・こうじ　赤城廣告コピーライター、ときどき、クリエイティブディレクター。最近の仕事に、大塚食品「クリスタルガイザー」、日本ハム「シャウエッセン」、コスモ石油「企業広告」、富士重工業「TREZIA」、キリンビール「休む日のAlc.0.00％」、東洋羽毛企業広告他。

反論できないコピー。

手島裕司

学生のときバンドをやっていて、人の好き嫌いに左右される音楽を信じられなくなって、「広告なら絶対的なロジックで世の中を動かせるんじゃないか？」みたいな青臭い考えで、コピーライターを目指しました。

それから30年やってみて思うのは、やっぱ好き嫌いですね。人はフィーリングで動くんだなぁと。バンド続けときゃよかった。

でも、好き嫌いの判断を超えるような力強いコピーとの出会いはたくさんありました。

まず、「㊙ではありません。真似ができないだけです。」。熊本のプロダクションで修業中に古いコピー年鑑で見て以来、今でも、まず「こんな堂々とした自慢話を書けないものか？」とチャレンジしています。コピーライターが注目されている時代で、キラキラしたコピーが花盛りでしたが、自分が目指しているコピーはこういうものだと信じていました。

つい理屈だけでコピーを考えがちで、だらだら長いコピーを書いていた私に「男なら一行しか書くな！」と鉄槌を落としてくれたのが魚住勉さんでした。

㊙ではありません。
真似ができないだけです。

TOTO（1971年）○C／日暮真三

男の気持ちです。

サントリー（1983年）○C／魚住勉

大好きというのは、
差別かもしれない。

Y'SACCS（1994年）○C／佐倉康彦

「男の気持ちです。」。スゴイです。ほんとに一行しかいらない。「男」っていいですよね。よく「男」コピーを書くとジェンダー云々で突っ込まれるけど、ナンセンスですよ。30歳を過ぎてから福岡へ出て、自分が広告屋であることが曖昧だった頃もありました。ファッション流通が仕事の中心で、一行詩というか、一行哲学みたいなコピーを生産していた時代。書いていて気持ちいいけど、何となく居心地の悪さも感じていました。

そんなとき、最高に嫉妬したのが「大好きというのは、差別かもしれない」。似たようなことしているのに、この差はなんだ！　とかなりヘコみました。

ディレクションから逃げ、ＣＭ企画もめんどくさがり、ひたすらコピーだけを書き続けてきた半生なのですが、未だに迷路の中です。たくさんハズして、いっぱい恥をかいています。競合プレゼンも弱いです。誰にも文句言わせずに絶賛されるコピーを書きたいなぁ。とか考えているからダメなのかな？　あぁ、もう、コピーのことを考えはじめるとややこしい。

てしま・ゆうじ　熊日アドセンター、私立手島事務所、利助オフィスを経て2017年10月、Salon de Harem（ハレム株式会社）設立。近年は、企業・商品のコンセプトワーク、ブランドストーリー構築を中心とした依頼が増えてきている。HP:harem.co.jp

私がコピーライターになって、つづけている理由

三井明子

私がコピーライターを志したきっかけは、川崎徹さんが手がけたCMでした。オンエア当時はまだ幼かったのですが、不条理でブラックな言葉のセンスに夢中になったのを覚えています。その後、好きだったCMのほとんどが川崎さんによるものだと知り、「私も広告をつくる仕事に携わりたい！」という思いがふくらんでいきました。

今回挙げた「もろこし禁止」。〝もろこし村〟というスナックを食べていると警察官に「もろこし禁止ですよ！」「免許証（を見せなさい）！」と問い詰められるというナンセンスCM。商品を食べることを否定するCMらしからぬ構成が、こども心に痛快に感じられました。さらに続編では、商品を買おうとすると「申請書のこの欄に〝学歴〟を」と言われたり…。連発される毒たっぷりのキーワードが、ことごとく予想をはるかに超えていて、とにかく夢中になりました。

また、〝メンフラハップ〟のCMのシュールさには、こどもながらに度肝を抜かれました。江川卓さん（当時巨人軍選手）が、「メンフラハップって効くのかなあ」とつぶやくと、家族たちに「そういう言いかたって、よくないよ」「メンフラハップにあやまんなさい」と責められる設定です。江川さんが「すまなかったね、メンフラハップ」と商品（パッケージ）に向かってあやま

もろこし禁止

明治製菓(1982年)○C／川崎徹

メンフラハップに
あやまんなさい。

大正製薬(1982年)○C／川崎徹

「じゃ、地球よってく?」
「いいね〜」

アコム(1996年)○C／多田琢

三井明子

るまでを描いているのですが、いま改めて見ると、とてもよくできたネーミング訴求CMなんです。商品名を圧倒的な違和感とともに残すコピーセンス。こんなに歳月がたっても、「メンフラハップ」という商品名をはっきり覚えている私の存在こそが、このCMの威力の証明です。

川崎さんに憧れていた私は、いくつかの職を経てコピーライターになることができました。けれども、思い描いていた仕事と現実とのギャップに、意欲がしぼむことばかりでした。そんな頃、広告界では多田琢さんという新しいスターが新風を巻き起こし、私もその軽やかで鮮やかなCMの大ファンになっていました。

当時の私にとって、〝むじんくん〟のCMは、深夜帰宅後の唯一（と言っていいほど）の楽しみでした。「こんどは〝せんだみつおゲーム〟か〜！　やられた〜！」というふうに、テレビの前で夜な夜な興奮。切れ味ばつぐんのCMに、笑ったり癒されたりしながら、広告の魅力を再確認。「いつか、じぶんもこんな広告をつくってみたい！」という思いが、塞いでいた気持ちを前向きに切り替えてくれました。

私がコピーライターになり、そしてつづけているきっかけをくださった、川崎さん、多田さん、ありがとうございました。ただ、その人生の選択が正解だったかは、あまり自信がないのですが…。

みつい・あきこ　ADK コピーライター。中学校教員、化粧品メーカー宣伝部、職業訓練生などを経て現職。味の素ラジオCM、宝島社新聞広告（ベッキー出演、樹木希林出演など）、オンワード23区などを手がける。TCC賞、アドフェストグランプリ、クリエイターオブザイヤー・メダリスト（2008、2016）など受賞。東北芸術工科大学 非常勤講師。

課題解決をするコピー

望月和人

初めて駅で見たときに、見間違えたかと思って2度見してしまった映画『最終絶叫計画』のコピー。映画のコピーというのは大抵「本年度、アカデミー賞最有力！」など「景気イイ言い回し」が一般的だと思いますが、これはその〝真逆〟で、完全に予想を裏切られました。しかし「それだけくだらない」という価値はちゃんと訴求できていて、私はこのたった一本のコピーによって、この映画を映画館に見に行ってしまいました。情報だらけの現在、予測ができないことの価値が高まっていると思います。そして破壊的なクリエイティビティのカギは〝真逆〟にある気がしています。

そんなクリエイティビティの可能性を表現したコピー「クリエイティビティで解決できない問題は無い。」。これは「JUST DO IT.」のコピーで有名なダン・ワイデン氏が、ドキュメンタリー映画『アート&コピー』の中で語った言葉がそのまま映画のキャッチコピーになったものです。原文は「Creativity can solve anything」ですが、この映画を翻訳された電通の鏡明さんは「クリエイティビティで解決できない問題は無い。」と二重否定で訳されています。それが

早くもアカデミー賞絶望！

映画「最終絶叫計画」(2000年)○C／千葉玲子

クリエイティビティで
解決できない問題は無い。

映画「ART&COPY」(2009年)○C／ダン・ワイデン、鏡明

目の付けどころが、
シャープでしょ。

シャープ(1990年)○C／仲畑貴志

さらに拍車をかけて心に刺さるものになっていると感じました。個人的にはコピーというのは気の利いた面白いことを言うためにあるのではなく、クライアントが抱えているさまざまな問題を解決するためにあると思っていますし、多くの産業が飽和化する中でクリエイティビティこそが経済の中心に来ると思っているのでググッと来たコピーです。

そんな経済社会の中でひときわ輝くコピーのひとつが、コピーの神様である仲畑貴志さんのこのコピーです。仲畑さんのコピーは好きなものを挙げたらキリがないですが、今あらためて見て、スゴイと思います。企画やコピーを考えていると、商品やクライアントから離れた方が面白いことが考えやすい気がしますが、このコピーはクライアントの社名がしっかり入っているのに、どの角度から見ても納得できるコピーです。業界リーダーとは違う独自の企業ポジショニングの強化、ブランドロイヤリティ強化、企業認知の向上など、たった1行のコピーでさまざまな角度からの課題解決になっている感じがする点が本当にスゴイと思います。

もちづき・かずと　クリエイティブディレクター。1970年生まれ。主な仕事にNHK「BSプレミアム」、東急電鉄「渋谷ヒカリエ」、SUUNTOなど。TCC新人賞、ACC賞、朝日広告賞、毎日広告デザイン賞、宣伝会議賞金賞など受賞。

僕はどうして大人になるんだろう。

松田正志

僕がまだ小学生だった頃。テレビを観るのが大好きで、テレビCMもまた楽しみでした。丸大ウインナー「ラッパ一発ぶっぱなせ」。いのちむき出しで遊びまくる子どもたちと、鉄板の上ではじけるウインナー。子どもゴコロをくすぐる歌詞をワイルドに歌い上げるコマーシャルソング。今日も、明日も、心配なことなど何にもない。そこには、小さな僕がテレビの向こうに見た「あこがれの世界」がありました。同時に、なぜか切なくもなりました。少年時代はいつか必ず終わりが来ることをうすうす感じていたのでしょう。

やがて高校生になり、毎日アホな顔して部活とファミコンに明け暮れていた頃に出会った、チオビタドリンクのコピー。「暗いうちから　起きだして　不平不満を口にせず　働いて働いて夢と希望を大切に　働いて働いて　やっとここまできたけれど　働くだけが人生か」。大人でもない、疲れてもいないアホ顔の僕はどういうわけか、このフレーズを暗唱できるようになっていました。もう、遊ぶことばかり考えてちゃダメなんだ。いつかは働かないといけないんだという自らへの戒めの意味もあったのでしょうか。それでも最後の一行に救いを感じてもいまし

ラッパ一発ぶっぱなせ

丸大食品(1979年)©C／伊藤アキラ

働くだけが人生か

大鵬薬品工業(1991年)©C／仲畑貴志

生きろ。

もののけ姫(1997年)©C／糸井重里

た。働くだけが人生か。そうだそうだ。

「生きろ。」大学院を辞めて実家に居候していた僕は焦っていました。まだ学生気分でいたいという甘えと、人間、働かなイカンという社会の常識とがせめぎあう毎日。一念発起してコピーライター養成講座を申し込み、広告やコピーの力を意識しはじめていた矢先に、このコピーが書かれた「もののけ姫」のポスターにガツンとやられました。口の周りを血で真っ赤に染めて僕をにらみつけるサン。「いや、そんな目で生きろ、と言われましても…」とずりずり後ずさりしながらも、そうだよ、生きるんだよ、生きるために就職するんだよマサシ！　と自らを鼓舞したのであります。

結局、僕はずっと広告というものに、社会との向き合い方や折り合いのつけ方、そして人生の歩み方を、知らず知らずのうちに教えられていたのかもしれません。父が教えない人生の悲哀を、母が見せない親の苦労を、広告はこっそりチラ見させてくれる。「いいかい坊や、人生大変だけど、頑張って生きるんだよ」と。

まつだ・まさし　文と絵。クリエイティブディレクター・コピーライター。
TCC新人賞、FCC最高賞、ACCゴールド、ACCベストコピーなど受賞。

コピーがくれた消費者目線

原晋

子どもの頃にテレビで見た猿まわしの次郎の代表的な一芸が「反省」だった。太郎氏のひざに手を置く姿に誰もが笑い、癒された。その頃この言葉に出会った。それがいつのコピーかはわからない。ただ、父親にその言葉を多用されたことだけは覚えている。反省より、前を見て進むことが大切だと。これは商品のコピーだが、商品を越えた人間性を帯びていて、そのことを思うと自分の書いた小さなコピーにまた反省する。

その建造物は、未来だった。東京という街へ出てきて驚いたのは、最も高いのが山ではなくビルだったことだ。だからスキーができるはずないのに、海のそばで年中できるという。登場時のコピーは、「湾岸スキーヤー、生まれる。」「Spring Summer Autumn Winter in Snow」というこのネーミングの由来を知ったのはＳＳＡＷＳを紹介する番組だった。こんなにも論理的な由来なのに、誰の耳にも心地よい。その相反する言葉の両立に驚いた。眞木準という名前は知らなかったが、この世にはネーミングという特殊技術があることを知った。コピーライターはタレントみたいなもんだと考えていた私が、その存在を職業として意識した。都会には変わ

反省だけなら、サルでもできる。

大鵬薬品工業(1992年)○C／仲畑貴志

SSAWS《ザウス》

三井不動産(1993年)○C／眞木準

私たちの製品は、
公害と、騒音と、廃棄物を
生み出しています。

ボルボ・カーズ・ジャパン(1990年)○C／廣澤康優

った商売があるものだと思ったくらいの軽い意識だった。

広告はいいことを言うか、面白いことを言うか、だと思っていた。でもその広告に書いてあったのは事実だけだった。他の企業がどれだけ自分をよく見せようとしているか、ということに気づかされた。自分の中の広告接触態度が変わった。当時広告のゼミに属していた私は、その衝撃を「不況下における広告戦略」という卒論で取り上げた。たいしたことは書けなかった。一生封印しておこうと思う。その後広告会社に就職し、コピーライターになるつもりが営業になった。不況というのは論文に書くような甘いものではなく、実際の広告の世界は暴風雨だった。何度も難破しかけた。いいのか悪いのか、自分に正直に生きすぎる。それしかできないのだが。この広告は、自分の正直を正当化してくれたから共感したのかもしれない。世の中の人もそうだろう。企業が口に出して言えないことを、堂々と言った。あれから15年が経った。正直は、いまの世の中にいちばん必要なことだと思っている。ボルボはあの時からずっと変わらず、好感度が高い。

はら・すすむ　1974年福岡県北九州生まれ。2008年クリエイティブユニット・シカク結成。最近の仕事に、フジテレビ「LIFE IS LIVE」、JR東日本「のもの」、UACJ「ある日、アルミは」、アトレ川崎「晴れに行こう。」等。http://www.4-kaku.net

お前はもう死んでいる！

中尾孝年

最初に言うとくと、僕が影響を受けたコピーは世の中のコピー全部。

僕は元々アメフトの選手で、マジで日本一を目指してました。アメフト就職も決まってたけどケガで選手生命長くないって言われて電通に就職したんです。モデルとコンパできる？　とか思って。脳ミソ筋肉のアホでしたから。そしたらクリエーティブ配属。100キロ以上のバーベルあげて敵の倒し方を考えてた僕が、鉛筆より重い物を持たない「このデザイン可愛くない？」とか話す別世界に来た訳です。そらもう必死ですわ。コピー年鑑を何年分も暗記するまで読みまくって。今も必死で勉強中。だから僕は、世の中の全てのコピーに影響を受けてます。

でも苦手。コピーがね。俺はコンパでもオモロイし、CM向きやろ！　とか思ってました。そんなとき、師匠の岡本達也CDに読んでみろって言われたのが仲畑貴志さんの仕事集。猛烈に反省しました。CMの仕事は面白くてコピーの仕事は面白くない？　ちゃう。俺のコピーが面白くないだけやって。さらに同期のAD佐生健一に、「お前は無理に笑かそうとするからこれで勉強したら？」って渡されたのが児島令子さんの小野薬品工業の広告集。ホンマに感動しまし

どんな病気も、
愛で治るんだったら
いいのに。

小野薬品工業(1995年)○C／児島令子

生年月日を捨てましょう。

宝島社(2003年)○C／前田知巳

女：スパゲティ食べたでしょ
男：食べてないよ
女：ケチャップついてるやん
男：食べました！

リクルート(2003年)○C／山崎隆明

中尾孝年

た。特に「どんな病気も…」は衝撃的。笑いだけやない。喜怒哀楽、人の心をどれだけ動かすかが大切なんやと教わりました。

　でもやっぱり僕はコピーが下手。玉山貴康さんとか西島知宏くんとか。ああいうコピーが書けへん。そして出会ったのが前田知巳さんの宝島の広告たち。「生年月日を…」以外も全てが画期的。コピーと言うより一行の企画に見えました。「そうか！　これからは一行で上手いこと言うだけがコピーライターの仕事とちゃうぞ！」って大発見でした。以来、僕は一番得意な広告の企画性で勝負してます。もちろんコピーも企画性。

　最後はホットペッパー。僕は悔しいから人の広告では笑わんようにしています。でも吹いた。小学校の給食で牛乳吹いて以来。コピーでございますって型にはまらない変幻自在の言葉。北斗の拳なら雲のジュウザです。そら強い。関西に転勤したら山崎隆明さんに一子相伝してもらうぞって転勤したら、えっ独立？　東京？　やっぱり雲のジュウザ。僕も頑張ってせめてハート様くらいにならんと、と、と、と、ひでぶ!!!

なかお・たかとし　クリエーティブディレクター、コンテンツディレクター。電通中部支社、関西支社を経て、本社CDC勤務。「江崎グリコ／AKB48江口愛実、大人AKB48」「サノヤス造船／造船番長」「SUNTORY／レモン沢富美男」「フジテレビアドフュージョンドラマ／名探偵コジン」などを手がける。カンヌなど国内外で受賞多数。

あの頃、仕事について考えた

占部邦枝

迷いに迷った末、選んだ3本のコピーは、就職活動から就職、そして転職を決めた頃のもの。自分はこれから何をやりたいのか、いろいろ考えたり悩んだり。ちょうどそんな時期に出会った「仕事」にまつわるコピーです。

学生時代、就職活動が始まるか始まらないかの頃、ある企業から就職説明会のDMが届きました。そのDMにあったのが「サラリーマンという仕事はありません。」というコピーでした。当時、普通のOLにはなりたくない、などと小生意気なことをほざいていた私、目からウロコが落ちたのです。サラリーマン、OLなどと何をひとくくりにしていたのだろうかと。その一方で、うまいこと言うなぁ、すごいなぁ、と。まだコピーライターになろうなんて思いもよらなかった私がいました。

新人時代、多くのコピーライターがそうであるようにTCC広告年鑑が私の教科書でした。古いものは70年代から90年代まで片っぱしから読んだり書き写したり。その中にあったコピーのひとつが「女は、仕事で死んだりしない。」。ビジュアルもすごくキレイで共感はしたものの、

サラリーマンという仕事は
ありません。

西武セゾングループ(1988年)○C／糸井重里

女は、仕事で死んだりしない。

ワールドゴールドカウンシル(1992年)○C／仲畑貴志

地図に残る仕事。

大成建設(1992年)○C／安藤寛志

そのときはそこまでピンときてなかったような気がします。でもこの仕事は男性も女性も関係なく精神的にも肉体的にもハードなもの。仕事を続けていく中で、強く実感したこともありました。今でもことあるごとに、ふっとこのコピーが頭をよぎります。そんなときは少し立ち止まって肩の力を抜くことにしています。

さて、話は前後しますがOL時代、コピーライターに転職する前のことです。私は2年間ほど、とあるゼネコンに勤務していました。そしてコピーライターへの転職を決めた頃、たまたま目にしたコピーが「地図に残る仕事。」でした。当時勤務していた会社のコピーではなかったこともあって、うわ、ヤラレタ！　と思いました。思わず嫉妬してしまいました。なんてカッコいいんだろう。私もいつかこんなコピーを書いてみたいとも思いました。これから始めようとしている広告の仕事は、地図に残ったりする仕事じゃないけれど、誰かの記憶や心に残る仕事になるかもしれない。なんて、若さゆえのちょっと熱い思いを抱きつつ…。

こうして私は、今日もコピーライターという仕事を続けています。

うらべ・くにえ　福岡生まれ、西南学院大学卒業。建設会社でのOL生活の後、広告制作会社を経て西鉄エージェンシー入社。TCC新人賞、TCC審査委員長賞、ACC賞、FCC賞、福岡広告協会賞、宣伝会議賞銅賞、朝日広告賞小型広告賞など受賞。

記憶のどこかで遊んだコピー

坂本和加

ものごころがついた頃に、たくさんのことばたちと楽しくふれあった時間が、いまわたしにコピーを書かせてくれている気がします。その時間の多くは、テレビから。いまでも良質なNHKの教育番組。それから、民放の番組間に流れるCM。わたしは80年代のCM黄金期を見て大きくなったようなもので、それはいまよりもずっとのどかで、卑猥で、ヘンでした。いま思えば、そういうCMを見たくてテレビをつける。そのくらい、わたしはよい子でした。

「元気で。とりあえず元気で。」というトリスのCMは、幼稚園のとき見て、もわーんとした記憶がぼんやりあります。大きなおっぱいの女性がゆさゆさランニングしてるだけのCMなんかも（母はそのたびその女性に妬いた）。それから「プチダノン」の一連のCMを見たときのボーゼンといったらなかったです。なんで「にら」なのかとか、「アタマばっかりでも〜」の意味について考えたり。漢字の練習は疲れるけど、どっちなんだ？　とか。頼まれてもないのに、いろいろ妄想して考えすぎてました。

トリスのCMは、大人になって再会して名作と知って。プチダノンは、糸井重里さんがTC

アタマばっかりでも、
カラダばっかりでも、ダメよね〜。

プチダノン(1986年)○C／広田静子

ふたりはひなたの
アイスクリーム

全日本空輸(1983年)○C／青田光章

ひとりでふたりで　三ツ矢サイダー
ひとりふたりで　三ツ矢サイダー
冷たくされても　いいんです
冷たくするから　いいんです
あなたと私の関係は
いつもサイダーです

三ツ矢サイダー(1977年)○C／伊藤アキラ

C審査で爆笑していたと、一倉師匠の目撃談を聞けて嬉しかったり。広告をはじめとした、ことばと楽しくふれあう蜜月は、コピーライターという職業さえまだよく知らなかった、子ども時代からあったような気がします。

三ツ矢サイダーの歌は、小学生向けスキー学校に個人で参加したときに習った手遊び歌です。ずっと記憶のどこかにあったその歌は、CM音楽プロデューサーの大森昭男さんが手がけられていた。もとはCMソングだった歌が、とある学校の先生の申し出で身振りがつけられ、教育教材に採用されたそうです。商品は、三ツ矢サイダーダブルサイズボトル。そうだったのかと歌詞を見て、じーん。ググれば、この歌はもう全国に知られているようで、最近アップされた映像もあった。わたしの楽しい記憶と共にあるこの歌はCMから生まれたしあわせなことばだった。

コピーを書くようになってから知った大変さが選ばせる好きなコピーと、子どもの頃から友達のように親しく遊んだ広告のことばたちとは、根っこは同じでも好きの視点がすこしちがう気がして、不思議です。

さかもと・わか　コピーライター、コトリ社。代表作に「カラダに、ピース。カルピス」「行くぜ、東北。JR東日本」など。ネーミングに「WAON（イオン）」「GOCOCi（ワコール）」など。コピーライターの技術を伝える企業向けのワークショップなども行っている。一倉広告制作所を経て独立。TCC会員。

思い出のコピーはいろいろあるが。

野原ひとし

私にとって、広告コピー原体験は、サンスター文具・アーム筆入の「象がふんでもこわれない！」だろう。当時のCMはYouTubeで観ることができるが、本当に象が出てきて筆入を踏みつける実証広告だった。この筆入は荷重1・5トンまで耐えられます、というオリエンだったのだろうか。コピーライターは、その時1・5トンは象の体重くらいだと思いついてコピーを書いたと思われる。それは大成功だった。全国の子どもたちの話題を独占し、500万本も売れたらしい。当時4歳の私も欲しくて、欲しくて、親にねだって買ってもらった。そして象になった気分で踏みつけて遊んだ。筆入は、本来の役割を超えて、踏む玩具になっていた。コピーライターはそこまで狙ったのだろうか。狙ったに違いない。

「読んでから見るか、見てから読むか」は、森村誠一原作の角川映画『人間の証明』のコピー。それは、映画館に行くのに家から駅までバスで30分、さらに電車で40分という劣悪な映画環境で暮らす中学生の私を映画館に向かわせるチカラがあった。書籍と映画を同時に売り込むことで相乗効果を狙ったこの角川商法は画期的なコミュニケーションデザインと言えなくもない。

象がふんでもこわれない！

サンスター文具（1967年）©／伊藤幸信

読んでから見るか、
見てから読むか

角川書店（1977年）©／川嶋亮一、中村和夫

大変だけど、幸福な仕事。

誠文堂新光社（1991年）©／一倉宏

あと、私がコピーを書く時、「〜か、〜か。」と二択を迫るレトリックをついつい使ってしまうのは、この名作が原因かもしれない。

「大変だけど、幸福な仕事。」は、１９９１年版『コピー年鑑』の「まえがき」のタイトル。全文をここで紹介できないのが残念だが、すべてのコピーライターを勇気づける素晴らしい文章だ。新人コピーライターだった頃、このページをコピーして、仕事机に貼っていた。コピーを全ボツにされ、シュンとして仕事机に戻ったら、この文章を読み返し、「俺は、幸福な仕事をしている。したがって、不幸ではない」と自分に言い聞かせて仕事に戻ったものだ。東京コピーライターズクラブは８００人以上の会員がいるが、もし「大変だけど、幸福な仕事を仕事机に貼ったクラブ」というのができたら、けっこう会員が集まるにちがいない。その会員の一人になるかもしれない会社の上司から「あの文章、新人のHに読ませたいからコピーとっといて」と頼まれ、最近久しぶりに読み返したら、また感動して、自分用にもう一部コピーをとった。さすがにもう仕事机に貼るのはどうかと思い、袖机の奥にしまってあるが。

のはら・ひとし　コピーライター／クリエイティブ・ディレクター／プロデューサー。兵庫県相生市出身。アサツー ディ・ケイ勤務。主な仕事に、山崎製パン、味の素、ロート製薬、カプコン、ヤクルト本社など。ＴＣＣ新人賞、ＡＣＣ賞、朝日広告賞、毎日広告賞、毎日広告デザイン賞、ロンドン国際広告賞など受賞多数。

本当のことだけ

尾形真理子

「1978年生まれのあなたたちは、21世紀最初の社会人になるのだから、しっかり成長してほしい」。小学校の卒業式でわたしたちに贈られた励ましでした。それを聞いて「ああ、21世紀は月曜日からはじまるんですよね」とぼんやり思っていた記憶があります。親にでも教えてもらったのでしょうか。いかに輝かしい未来かを語られるより、月曜日からはじまるという事実が、あの頃のわたしには心強く感じられました。リアリティのない未知なる世界にも、清々しい明るい朝がやってくる気がしたのです。そしてそのときはまだこの言葉が、広告のキャッチフレーズだったなんて知りませんでした。

そして21世紀になった春。「どんなコピーが好きなの？」とコピーライター志望だったわたしは、入社するとき面接で聞かれました。そのとき答えたのが「1億使っても、まだ2億！」。「色気がないね～」と笑われましたが、このコピーにはいまでも胸がときめきます。

恐らく日本人の全員が「宝くじ当たったらどうする？」という、あてのない会話を一度はしたことがあるはず。たとえドリームジャンボを買っていなくとも「1億円はマンションに使っ

21世紀は、月曜日ではじまる。

制作者不明

1億使っても、まだ2億!

全国都道府県及び12指定都市(1983年)○C/滝村泰史

プププッ(ソフトバンク呼び出し音)

ソフトバンク(2008年)

て、残りは貯金かなー」なんて、ついつい真剣に考えてしまいます。

「3億円を手にした人」は、そりゃまぁ、うらやましいです。だけど「1億使ってもまだ2億ある人」は、本気でうらやましい。1億円を散財できる「解放感」と、2億円残っている「安心感」。この両方を手に入れることは、3億円どころじゃない価値があって、それこそが本当の夢かもしれない。

そういえば、「3億当たったら？」と聞いて「全額使い切る」と答える人も、「全額貯金する」と答える人も聞いたことがありません。ある程度は好きに使って、残りはとっておくとみんな答えるのです。

そして、ソフトバンクのケータイにかけたときの「プププッ」音。「こちらソフトバンクだよ」「ほらソフトバンク多いでしょ」「ソフトバンク同士なら通話無料だよ」「あなたもソフトバンクにすれば？」といろんなことを言われている気がするので、唖然とするほど秀逸なコピーだと思います。

※2012年6月号掲載

おがた・まりこ　1978年東京生まれ。博報堂 コピーライター／制作ディレクター。主な仕事に資生堂、ルミネ、東京海上日動あんしん生命、Ne-net、キリンビールなど。2010年『試着室で思い出したら、本気の恋だと思う』（ベストセラーズ刊）で小説デビュー。

コピーはときに人の一生に関わる

サトー克也

人が一生の間に会える、ほんのひとにぎりの人の中にあなたがいました。あなたに会えたお礼です。サントリーローヤルの贈りもの

「人と人との出会いは、奇跡であり、有り難いことなのだ」との気づきを与えてくれたコピーです。気づきが起こると、そのメッセージは心に深く残ります。インパクトとは、「笑い」や「意外性」だけではなく「気づき」でもあるんだ、ということを学びました。今でも講演会で、このコピーを紹介し、会場にいらした人たちとの出会いに感謝します。「広告のコピーは、ときとして人の一生に関わることもできるんだ」との実感は、この仕事の醍醐味、やりがいでもあります。

その先の日本へ

3・11を経て、「その先」とは地理的な遠さだけを意味するのではなく、時間的な未来をも意味するようになった。まさに今、東北が、その先（未来）の日本へ向かって変わろうとしています。きっと「東北の未来は、日本の未来」。なかでも福島が、どう立ち直るかが、日本に、い

人が一生の間に会える、
ほんのひとにぎりの人の中に
あなたがいました。
あなたに会えたお礼です。
サントリーローヤルの贈りもの

サントリー(1985年)○C/岩崎俊一

その先の日本へ

東日本旅客鉄道(1992年)○C/秋山晶

これでいいのだ

「天才バカボン」赤塚不二夫

や、世界中に影響を与えると思います。そう、ボクの「佐藤家」のルーツは、福島。もう、あの頃には戻れない。その先へ、進むしかない。

これでいいのだ

広告のコピーではありませんが、ブルースリーの「Don't think！ Feel！(考えるな、感じろ)」や「Be water, my friend！(友よ、水になれ)」など、大好きなコピー(名言)は、たくさんあります。なかでも、このコピーは、ボクに生きるコツを教えてくれました。広告の仕事をしていると思いがけない方向転換を余儀なくされることってありますよね。そんなときは「だから、よくなる！　さらに、よくなる！　もっと、よくなる！」と思うようにしています。まさにバカボンのパパの「これでいいのだ」理論。

だって「あぁ、あの時、思い通りに行かなかったからこそ、良かったんだ！」ってこと、あるじゃないですか。「思い通りに行かないことも、実は思い通りに行っている」と思うようにしています。まさか小学生の頃、ふざけて真似していた言葉に、後の人生で励まされるとは思ってもいませんでした。何が起きても全肯定！　バカボンのパパに生き方を学びました。「これでいいのだ！」。

さとー・かつや　ダイコク クリエイティブディレクター。コスモ石油、東京メトロ「すすメトロ！」高橋書店「ざんねんないきもの事典」日清シスコ「ごろっとグラノーラ」トヨタ自動車、三井不動産、富士ゼロックスなど担当。ACC、カンヌ国際広告祭、アドフェスト他受賞。

言葉と人生の「刹那性」について

富田安則

中高一貫で寮生活を送っていた僕は、社会から断絶されていた。唯一許されていた接触は、夕方6時のニュース番組。不味い食事をただ黙々と食べながら、雑音としてのニュースコメントが聞こえてくる日々。僕の夢は、医者になることだった。人の命を救うことができ、かつ身分も安泰な職業。そんな薄っぺらな思いだけで、日々のつまらなさを押し殺していた。そして、いつもと変わらぬ夕方6時。「私がいま侵されている病気の名前は、癌です」。癌であることは死を意味し、誰もが隠し通していた時代。それをニュース番組で、しかもキャスター自身が公表するなんて。僕は、その瞬間に医者への夢を捨て、新しい道を見つけた。テレビ？　新聞？　広告？　メディアと言葉の影響力という漠然とした思いを具体化するためのモラトリアムとして過ごした大学生活。留年して同期もいない6年生の冬だった。「ニューヨークへ、行こう。」社会がどのように反応したかは、わからない。でも僕は、たしかに、ニューヨークへひとりで旅立った。そうか、広告って、行動を生み出すことができるんだ。メディアと言葉の力に、深く感心した。こうして新聞社に入社した僕を待ち受けていたのは、記者ではなく広告営業とい

ニューヨークへ、行こう。

全日本空輸(2002年)○C／佐々木宏

国会議事堂は、解体。

宝島社(2003年)○C／前田知巳

おちこんだりもしたけれど、
私はげんきです。

魔女の宅急便(1989年)○C／糸井重里

う仕事。悔しい。でも、やるしかない。自社の紙面はもとより、他紙からも企画のヒントを得ようと、紙面をめくる毎日。そこで出会った、「国会議事堂は、解体。」なんだ、これ？ 記事よりも目立っている。新聞のメディア力は、記事がつくっているのではなく、記事を含めた紙面がつくっている！ 当たり前のことに、初めて気付かされた。「言葉を通して、社会を良い方向に変えていく仕事がしたい」。ようやく、働く理由が見えた気がした。営業を経験し、記者も経験した。あとやっていない（けど、やってみたい）のは、コピーライターという仕事しかない。辞めたいとは思っていない自分。辞めてほしくないと言ってくれる上司や仲間。大事な人間関係を振り切ってでも、飛び出すしかないほど、なにかの衝動に駆られていた。もし、医者になっていたら。もし、転職していなかったら。人生は、刹那の決断でつながっている。後悔した決断だって、たくさんあるはずだ。それでも、僕は、前を向く。「おちこんだりもしたけれど、私はげんきです。」初めて行った映画館で僕が覚えているのは、映画の内容ではなく、人を励ましてくれるコピーだった。そういえば、小さな頃から、人を元気にする言葉が、僕は大好きだった。

とみた・やすのり　1976年生まれ。早稲田大学卒業。新聞社勤務を経て、リクルートコミュニケーションズに入社。執行役員、エグゼクティブクリエイティブディレクターを経て、2018年退職。主な仕事に、日本郵政グループ、朝日新聞社、リクルート、経済産業省、東京都など。

青春とは、いつまでも一緒にいたい

鈴木猛之

福岡の予備校に通っていた僕は、大好きだった祖父に見送られて、夜行列車（当時ブルートレインと呼ばれていた）に乗ってヨコハマの大学を受けに行った。その当時人気だった探偵ドラマに憧れて。たったそれだけのたわいもない理由で、無性にヨコハマに行きたいと思えた。もちろん、将来どんな仕事をするかなんて、まったく分からなかった。

希望とか、失意とか、見えないものも乗せている

夢とか、決意とか、見えないものも乗せている

このコピーを読むと、期待と不安が入り交じった、いや、不安の方がはるかに大きかった、当時の自分を思い出す。淡いブルーに染まった、青春という言葉にぴったりの情景。今その風景の中に戻りたいかといわれると、ちょっと躊躇してしまう。そのくらいあやふやな価値観の中で生きていた時代。

子どもの頃、父の仕事の関係で、僕はあちこち転校していた。そして常にアウェイな状況で生きてきた。福岡で生まれ、小中学校は青森で過ごした。そして中3の夏に山口に引っ越した。1300キロメートルの距離が、友情を引き裂いた。撮影のタイミングも悪く、中学の卒業ア

希望とか、失意とか、
見えないものも乗せている。

九州旅客鉄道(1994年)○C／仲畑貴志

夢とか、決意とか、
見えないものも乗せている。

九州旅客鉄道(1994年)○C／仲畑貴志

楽しくやるために、
東京に来たんじゃねーのか。

東芝昇降機(1991年)○C／東秀紀

ルバムに僕の姿はない。

高校時代、内向的な僕の興味が向かった先は、テレビゲームだった。ブラウン管の中にいる敵を倒すことに一生懸命になった。しかしあるとき、となりのクラスの可憐な女の子に恋心をよせた。それも束の間、彼女のボーイフレンドとその仲間たちに囲まれ、ひどい仕打ちを受けた。

工場地帯で育った自分は、あの早朝の冷たい空気を覚えている。化学薬品とコンクリートの混じった匂いと、こだまするサイレンの音。

思えば、子供の頃はずっと日陰で生きていた気がしている。周りは気付かなかったかもしれないが、劣等感の塊だった。そして、そこから逃れるためにもがいていた。ヨコハマに憧れたのもそうだった。

あれから何年経っただろうか。いつの間にかそんなことを思い出すことすらなくなっていた。大人になってしまった自分は、一見幸せなようでもあり、どこか切なくもある。

楽しくやるために、東京に来たんじゃねーのか。

今日の自分は、昨日の自分より楽しくやれているか？　齢を重ねても、そういうことに敏感でありたい。いつまでも青春の心を持ち続ける自分でありたい。そう決意させてくれるコピー。

人生という旅は、これからどう続いていくのだろうか。今は楽しみの方が大きいことに感謝。

すずき・たけし　パラドックス代表取締役。リクルートを経て2001年に同社設立。「人や企業の志の実現に貢献する」ブランディングに従事。ティンパンアレイ「消費社会の、次へ行こう。」シリーズでTCC審査委員長賞受賞。

広告を超えている言葉。

坪井卓

恥ずかしい話だが、就職するまで「コピーライター」という職種を知らなかった。糸井重里さんくらいは名前を存じ上げていたが、なんとなくマルチクリエイターというカテゴリーでくくっていた。そんな僕が入社後、コピーライターの名刺を持たされた。上司は斉藤賢司さん。何も知らない僕に対して斉藤さんは「TCC年鑑を見て、好きなコピー10本を選んで、好きな理由を説明しろ」という課題を出した。ワインを知らないソムリエ見習いに、大量に試飲させるようなものだろう。コピー年鑑20年分くらい課題を繰り返していると、さすがにコピーの面白さがわかってきた。同時に自分の嗜好に気づいた。

近道なんか、なかったぜ。

広告を超えている言葉が好きだ。でもちゃんと広告になってなきゃダメだ。サントリーオールドのコピーは完璧だった。何度失敗しても近道を試みて生きていこうと決めた。うまくいかなければ、広告の男のように笑うのだ。ウィスキーでもやりながら。小野田隆雄さんは会社以外で名前を覚えた2人目のコピーライターになった。

近道なんか、なかったぜ。

サントリー(1988)○C ／小野田隆雄

JUST DO IT.

NIKE(1988)○C ／ダン・ワイデン

吸引力の変わらない、
ただひとつの掃除機

ダイソン(制作年不明)○C ／ジェームズ・ダイソン 他

※ジェームズ・ダイソンおよび、ダイソン創業メンバーによって考え出された「The only vaccume cleaner that doesn't lose suction.」を、日本の社員が和訳したもの。

坪井卓

入社2年目のある日、テレビを見ていて衝撃を受けた。iPodのCMが流れたのだ。広告はその国の時代や国民性を反映するという。しかし、CMはそんなものを吹っ飛ばしていた。圧倒的敗北感に、広告も「世界」を見なきゃいけないと感じた。世界一のコピーはなんだろう、と考えてみた。

JUST DO IT.

バスケをやっていたせいか自然にこれが浮かんだ。世界一かどうかはわからないが、世界屈指であることは間違いない。生みの親のダン・ワイデン氏によれば、ある死刑囚が執行官に向かって言った"Let's Do It !"から閃いたそうだが、そんな逸話さえ広まるほどの言葉だ。このコピーを日本人が書けるだろうか。超えられるだろうか。厳しいかもしれないが、答えはひとつしかないだろう。JUST DO IT.だ。

最後に挙げるのはダイソンのコピー。出張先の博多で飲みにいったときのこと。同じビルに風俗店があり、階段脇に女性の顔写真を並べたポスターが貼ってあった。数ある写真の中で、明らかに年齢がひとまわり上の女性の写真に、タグラインが書いてあった。

「吸引力の変わらないただ一人のソープ嬢」。

すごいコピーだと思った。パロディ作品が作られるのも名作の証だろう。

つぼい・たく　SIX コピーライター／クリエイティブディレクター。最近の仕事に、TOYOTA「GR BRANDING」、集英社「JOJO EXHIBITION」など。TCC賞、Cannes Promo Lion Gold、D&AD Yellow Pencil 他受賞。

カッコイイってなんだろう。

石川北斗

　高校から帰ってきて、なんとなくつけたテレビ。いつもの番組に、つまらないCM…のはずが、耳に入ってきた「セガなんてだせえよな！」「プレステの方が面白いよな！」という声。数秒後それがセガのCMだということがわかりました。え？　こんなこと言っちゃっていいの？　広告のルールなんてものは、当時はもちろん知りませんでしたが、え？　え？　がしばらく収まらなかった記憶があります。真面目な高校生だった僕は、この型破りな感じにやられました。まるで不良に憧れる優等生。セガがすごくやんちゃでカッコイイ会社に見えました。いま思えばこれが、初めて広告を意識した原体験なのかもしれません。やがて僕は運よくコピーライターになるのですが、この記憶のせいか、ちょっと強引にでも人を振り向かせるコピーに憧れました。それが一番カッコイイと信じて。でも、形だけマネしても見透かされますから、誰に見せても苦笑いされるだけでした。

　そんなときに出会ったのが仲畑さんの作品集。「昨日は、何時間生きていましたか。」は、中でも一番好きなコピー。ドキッとして立ち止まって、過去を振り返る、それで今日はがんばろ

セガなんてだせえよな！

セガ・エンタープラゼス（1999年）〇C／岡康道

昨日は、
何時間生きていましたか。

パルコ（1986年）〇C／仲畑貴志

ウイスキーがお好きでしょ
もう少ししゃべりましょ

サントリー（1990年）〇C／田口俊

うって思う。仲畑さんのコピーはインパクトがあるのに、全部やさしいんです。強引さではなく、好きにさせて人を振り向かせる感じ。北風さえ惚れるような太陽。うーんそうか、やっぱり本当にカッコイイ男はやさしくなきゃダメだよなぁ。仲畑さんのおかげで僕もちょっとだけ大人になることができました。

「ウイスキーがお好きでしょ　もう少ししゃべりましょ」はただただ好きなコピーです。この女性は目の前の男性のことが好き。「もう少しこの人といっしょにいたい。どうしよう。そうだウイスキーだ！」です。時間を引き延ばす口実に使ってるんですよ。そんなのちょーかわいくないですか？　口実なんて作らなくてもいつまでも一緒にいるし！　ていうか、そもそもオレの方が君のこと好きだし!!　って感じです。でも女性の方が上手なんで「こう言えば健気な女に見えるわね、ニヤリ」と計算して言ったんです。わかります、大人になりましたから。でもそこはカッコイイ男としてわからないフリ！……こんな妄想のスイッチになるようなコピー、いつか書いてみたいなあ。

いしかわ・ほくと　コピーライター。
資生堂 クリエイティブ本部所属。2011年にナカハタへ出向。主な仕事にHAKU、UNO FOGBAR、マジョリカ マジョルカ、アネッサなど。Spikes Asiaシルバー、ブロンズなどを受賞。

たった一瞬で。

神田祐介

それは、高校一年の頃。ルーズソックスと腰パンとポケベルが栄華を極め、中学と比べて飛躍的に女子のスカート丈が短くなって僕がコンタクトレンズをつけ始めた青春の時代に、その言葉は突然テレビから流れた。「愛だろ、愛っ。」ええ、もう、すごくドキドキしたのを覚えている。たった数秒で僕はその言葉と、その広告と、カクテルバーを愛してしまった。自分は買うことすらできない（お酒は20歳になってから）、まったく関係のない商品なのに。アホな高一の僕には、それがコピーというものだなんて認識はなく、〝かっこいい！〟「言葉」として日常の要所要所で口にしてた。当時、同じような同世代のヤツがいっぱいいて、今思い返すととんでもない力だなぁと感じる。そのときはまさか自分が広告を作る立場になるとは思いもしなかったけど、漠然と人のココロを揺らすような表現を作りたいとなぁと感じさせてくれた言葉だった。それからしばらく経って、気づいたら広告の仕事を目指すようになっていた。

「このろくでもない、すばらしき世界。」は広告の仕事にどっぷり浸かってから目にした言葉。『表現する』ということと、『ビジネス』であることのギャップに深く悩んでいるときに、ふと

愛だろ、愛っ。

サントリー(1994年)○C/佐倉康彦

このろくでもない、
すばらしき世界。

サントリー(2006年)○C/照井昌博、福里真一

だっふんだ

○C/志村けん

神田祐介

見たテレビから流れてきて、うおお！ と。コピーっていう概念とか理屈とかぶっ飛ばして、たった数秒でこの言葉と、広告と、商品に惚れさせられた。そう、元気出ましたよ！ 照井さん、福里さん！ そういう、広告コピーを飛び出して、あっという間に文化を創ってしまう「言葉」。売りに直結とか、検索されやすい、っていうような目の前の事実のずっと先にある大きな世界を見せてくれる言葉は本当にステキっす！

「だっふんだ」は、きっとみなさんご存知の一世を風靡した言葉。聞いた瞬間、大爆笑。尺にして1秒足らずで大爆笑。たった5文字で文化をつくる化け物みたいな言葉です。もし自分のところに、「たった一言で子供から大人を笑わせて大ブームになるような言葉を書いてください」っていうオリエンがきたとしても絶対書けない。たった一瞬で大きな世界を生み出してしまう数文字の言葉。そんな言葉を、「いつか自分も書いてやる！」そう思いながら前向きに仕事に取り組んでいるんですが、なかなかねえ…。

かんだ・ゆうすけ　博報堂　CMプランナー。
主な仕事に、マンダム「LUCIDO」、BIG「今なんじゃないか」、リクルート「ホットペッパーグルメ・ビューティー」、ダイハツMOVE「法廷シリーズ」など。ACC TVCM部門・ME部門グランプリ、TCC賞、TCC新人賞、ADFEST Gold、朝日広告賞、広告電通賞など受賞。

コシなしコシあり、どちらも好きだ。うどんも言葉も。

岩崎亜矢

漢字が苦手な子どもだった。ある日、そんな私を心配した母が一冊の本をくれた。『唱えておぼえる漢字の本』というタイトルのその本は、やわらかい見た目、簡単に読み進められる文字量、うなずくしかない説得力があった。こびとさんの物語を読むだけで、漢字の成り立ちを自然と理解できるこの本のおかげで、私はどんどん漢字に興味を抱いていった（成績には結びつかなかったけれど）。眞木さんのコピーは、肩の力はすっと抜けているのに、理知的。ふわりとしながらも、強固な核がある。女性服という商品に、押しつけがましくなく寄り添う軽やかさ。右脳と左脳のいいとこ取りのようなこのコピーを見て、うなずき、うなだれ、目標が生まれた。

テレビばかり観ている子どもだった。プチダノンのCMのこの言葉が好きで、よく歌っていた。ある日、私が歌っていると、友達のお母さんが「言い方がキツいのよね、その歌」と言う。ぽかんとしていると、おばさんは「頭バカでも、身体バカでもなんて…ちょっとひどいわ」と。ああ、おばさんは勘違いしてるんだ、教えてあげないと。そう思い、しかし、留まった。9歳の私に、それ以上の掘り下げは無理だったが、その瞬間にふとつかんだ違和感は、大人になっ

好き、という字は女の子。

三陽商会（1998年）○C／眞木準

アタマばっかりでも、
カラダばっかりでも、
ダメよね〜。

プチダノン（1986年）○C／廣田静子、市川準、坂東睦美、多田亮三

毛先が球

花王（1980年代）

ても残った。「アタマばっかり」な人とは、つまり「身体バカ」状態の人であり、「カラダばっかり」は「頭バカ」な人を指す。言葉遊びが、強烈な皮肉ともなるのだ。言葉は奥行きだらけで、底がない。探るほど、発見がある。だから、コピーを考える時は頭がパンクしそうになる程悩むし、あれでよかったのかと自問自答する。でも、それでいいのだ。たとえどんなに精緻にでき上がったとしても、自分の思いもよらない場所へと言葉は転がるものだから。

「IQが高い」。この発言がコピーに向けられるとき、それは良い意味ではない。わかりにくいという事実を、相手を傷つけないために選ばれる言葉なのだ（そこに、概して愛はない）。ならば、素直に書いてやろうじゃん。しかし、そうすると「ヒネリがないよね」で片づけられる。特に、ネーミングは企業の思いが深く、難航する。毛先が丸いから、歯茎に優しい。だから「毛先が球」。読みは〝タマ〟じゃなくて、〝キュー〟。CUEであり、Q。深い。でも逃げてない。ああ私も、いつかこんなにも素直で、役立つ言葉を書ければいいなあと思うのだ。

いわさき・あや　コピーライター。テレビの制作会社、岩崎俊一事務所、パラドックス・クリエイティブなどを経て、サン・アドへ。最近の仕事に、JINS、村田製作所、資生堂など。TCC新人賞他。町田町子としてもひっそり活動中。

傷つくらいが、ちょうどいい。

小松洋支

というコピーを書いたことがあります。講談社文庫の雑誌広告です。「おまえMだろう」と言われれば、そうかもしれません。でも、そういう心理って、みんな持ってるんじゃありませんか？　ただもう心地よい音楽とか、ひたすらハッピーな映画とかでは物足りなくて、胸が締めつけられるような曲を何度も聴き、しんどい映画を見てわざわざ打ちのめされる。

なぜでしょう？　血が出るからです。血が出るのを見て、「ああ、自分は生きてるんだ」と実感したいからです。ちょうど蚕の繭のように、自分がその中でぬくぬくと暮らしてきたバリアを破って何ものかが侵入してきたとき、人は血を流しながら、自らの安全圏の外に、それまで気づかずに過ごしてきた世界が広がっていることを認識するのです。

といった理屈さえ平然とスルーして僕を傷つけたのが、山本高史さんの「人生観より、シャツが欲しい。」(宝島社『Pスタイル』)。団塊の世代を兄に持つ僕たちは、その影響をもろに受けて、すぐに「価値観」だとか、「それが意味するもの」だとか言いがちなのですが、このコピーは「だからあんたらカッコ悪いんじゃないの」と言い捨てることで、新しい世代の存在を僕らに突

人生観より、シャツが欲しい。

宝島社『Pスタイル』(1985年)○C／山本高史

仕事を聞かれて、
会社名で答えるような奴には、
負けない。

リクルート『ガテン』(1998年)○C／紫垣樹郎

お母さんの
声援が聞こえるから、
息つぎが好き。

大牟田スイミングスクール(2007)年○C／勝浦雅彦

小松洋支

きつけたのでした（ほーら、また世代論になってる）。

紫垣樹郎さんの「仕事を聞かれて、会社名で答えるような奴には、負けない。」（リクルート『ガテン』）を読んだ時は、若い職人さんの太い腕で思いきり胸ぐらを掴まれました。僕は、おそらく「仕事を聞かれて、会社名で答えるような奴」のひとりだったからです。職人さんはしばらく僕を睨みつけてから手を離し、「こんな奴、殴ってもしょうがないや」という顔で去って行きました。彼の拳骨が当たっていた顎の先から、少し血が出ていました。

そして、勝浦雅彦さんのコピー「お母さんの声援が聞こえるから、息つぎが好き。」（大牟田スイミングスクール）。スイミングスクールに行くのは、「泳げるようになるため」以外に考えつかない大人の僕を、憐れむように見上げる子どもの視線が、そこにありました。そのまなざしはこう言っていたのです。「スイミングスクールって、子どもが親の愛を感じる場所なんだよ。もうおじさんには分からないかもしれないけどね」

こまつ・ひろし　1955年生まれ。79年電通入社。営業、コピーライター、クリエーティブ・ディレクター、CRプランニング局長として活動。

不景気でゴメン。

西脇淳

今日は、記録にも、記憶にも残る大雪の成人式だった（この原稿、1月14日に書いています）。テレビの向こうで晴れ着の女の子が言っている。「なんで今日に限って…」今日に限ったことではない。彼女ら、彼らが生きてきたのは、バブル崩壊から続く失われた20年。生まれてこの方ずっと大雪、とまでは言わずとも、ずっと曇り空。頑張ったって幸せになれないのだから、最初から夢なんて見ない方がいい。そう思うのも無理はない。そんな世代の若者をつかまえて、夢が無い、大志がない、などと言えたギリじゃない。僕が広告業界に入ったのは、彼らが生まれた1993年。景気を良くするためにある広告屋の端くれとして、僕がもっと頑張っていれば、彼らの今は、もう少し明るく、希望に満ちたものだったに違いない。だから、せめてもの罪滅ぼしに、僕が勇気をもらったコピーを贈ります。

ひとつめは「Think different.」。言わずと知れた、アップルの伝説のコピー。アインシュタインやボブ・ディランやピカソの写真に、ただThink different. の文字。これから社会に出て行くみんなには、自分がこの広告の中にいる姿を想像してほしい。不可能じゃない。テレビC

西脇淳

Think different.

アップル(1997年)○C／TBWA\Chiat\Day

Do you have a HONDA?

本田技研工業(1999年)○C／新妻英信

Always Look on the
Bright Side of Life

映画『ライフ・オブ・ブライアン』エンディング曲(1979年)○C／エリック・アイドル

Mのナレーション、あらためて聴いてみてください。

次は「Do you have a HONDA?」。昨年「負けるもんか。」というこれまた素晴らしいコピーで、ニッポンに勇気をくれたホンダの10年ほど前のテレビCMシリーズ。とにかく前向きに、失敗を恐れずに、チャレンジしよう。そんな気にさせてくれます。中でもおススメは、転倒したライダーが再スタートを切ろうと、泥の中でもがき続けるモトクロスバージョン。諦めない姿、グッときます。

最後の一本は「Always Look on the Bright Side of Life」。これはコピーではなく歌詞。モンティ・パイソンの映画のエンディング曲の。で、これを使ったナイキのCMがイイ。どんなスタープレイヤーだって上手くいかないときがある。そんなときはぶつぶつ言わずに口笛を吹こう。そうすればきっと上手くいく。野茂英雄さんや、小野伸二さんの口笛が、これまた、ポジティブな気持ちにさせてくれる。

新成人の皆さん、つまずいたり、転んだりもするだろうけれど、いつかあなたの仕事で、誰かの人生に忘れられない一日を作ってください。今日の日のように、一生忘れられない一日を。

にしわき・じゅん　タイガータイガークリエイティブ／クリエイティブディレクター。1970年生まれ。主な仕事に、SUZUKI SOLIO、サンギ おから茶、ダスキン「人生100年時代に、100番、100番。」、朝日新聞「こども広告」など。

組み合わせの妙

安谷滋元

南国タイでこの原稿を書いている。とにかく火が出るほど辛い食事のこの国に、カオニャオマムアンという冷たくて甘ーいデザートがあるのをご存知だろうか。アイスにマンゴーに、なんとびっくり、ごはん！　を混ぜて、一口で味わうという不思議な不思議な組み合わせ。通訳のK氏がにやにやしながら聞いてくる「どうです？　ありでしょう？」。〝あり〟か〝なし〟かは、人それぞれだろう。が、これは、記憶に残る面白い一皿。

そういえば、コピーも言葉の組み合わせこそが決定的な面白さを作る、と言った人がいた。いままで僕が声を大にして〝あり〟だ、と思った組み合わせが、「細マッチョ。」というコピーだ。細い＋マッチョ。学生時代、受験をくぐり抜けたガリガリの同級生達が、花形のアメフト部でプロテインを飲みながらムキムキの太い体に変身していくのを見て以来、マッチョという言葉は〝ごつい〟〝暑苦しい〟と同義語である。

そこに、〝細い〟なんて言葉を組み合わせるのは、なんというミスマッチ、なんという矛盾。もちろんこのコピーがうまいのは、痩せたい、しかも引き締まったカッコいい体でいたいとい

細マッチョ。

サントリー（2009年）○C／山崎隆明

かるくヤバい。

サッポロビール（2005年）○C／石井寛

ニューヨークへ行こう。

全日本空輸（2001年）○C／佐々木宏

う当時の世の中のインサイトを具現化したところや、〝(マッチョに)なりたい〟という願望が含まれた言葉を選んだところとか、すばらしい点は多々あるけれど、何よりもこの組み合わせが、へんてこな〝感じ〟を発散しているから強い。

動詞と形容動詞の組み合わせでこのへんてこな〝感じ〟を出していたのが、「かるくヤバい。」というコピー。

〝ヤバい〟、つまり、とても困っている状態なのに、〝かるく〟ってどういうこった!? でも、このふつうじゃないミスマッチの言葉合わせのセンスこそが、コピーライターのセンスなんだと、僕に教えてくれた2本だ。

さて、所はタイである。かつて、「タイは、若いうちに行け。」「タイ　ラヴ　ユー」という名作あり、出稿はされなかったけれど新人時代にだじゃれコピーを書きまくった思い出のある、個人的なコピーの〝聖地〟にいると、どんどん名作コピーを思い出してしまう。一番すごい!&やられた!　と思ったコピーは「ニューヨークへ行こう。」で、一番すごいと思ったボディコピーは「江川と小林」で、一番すごいと思ったタグラインは…。なんか、元気タイ。

やすたに・じげん　1968年生まれ。博報堂第一クリエイティブ局シニアクリエイティブディレクター。自動車、飲料、精密機械、不動産など多業種を担当。

言葉と、言葉の、センスある出会い。

安路篤

コピーのコ、も知らない素人の頃、広告会社の面接で、「好きなコピーは?」と聞かれたら、このコピーを答えようと決めていた。

触ってごらん、ウールだよ。

理由もなく心地よく好きだった。もう30年近く前のコピーだと思うが、色褪せていない。脳にインプットされていて、僕のコピーの原点になっている気がする。わかりやすくて、シズルもあって、時代を超越したフレッシュなコピーが大好きだ。口に出して読んでみると、なんとも、温かい。いい人になったような気がする。そして、僕は広告の世界へ。20世紀後半、バブルの頃、新人の僕に、コピー年鑑はまぶしい輝きがあった。憧れの、リスペクトすべきコピーがキラ星のごとく。なかでも、糸井重里さんや眞木準さんの書く、百貨店のコピーはすごかった。センス抜群でした。「おいしい生活。」「不思議、大好き。」「何人まで愛せるか。」。ボディーコピーまでじっくり読んでは、ああ、とため息をついておりました。

ハッピーエンド始まる。

触ってごらん、ウールだよ。

国際羊毛事務局(1981年)○C／西村佳也

ハッピーエンド始まる。

伊勢丹(1989年)○C／眞木準

料理は高速へ

キユーピー(2001年)○C／秋山晶

たかが百貨店のコピーなのに、あまりの懐の大きさ。商品広告とか企業広告とか、そんなものを無視して、上へ上へと昇華していくような、エレガントなキャッチコピー。人生すてたもんじゃないな、とか、あした生まれ変わってみよう、とか。まるで好きな映画を観たあとの、余韻のようなものがコピーからしみだしている。口に出して読んでみると、なんとも、粋だ。いつもはネガティブな僕が、一瞬、別人になっている。その後、バブルははじけて、時代は暗く、地味に。広告も少しずつ、まじめに落ち着いて、華やかな夢見るコピーは姿を消してゆく。コピーのスタンスがなんとなくこじんまりしてゆく。そんな中、秋山晶さんのキユーピーの広告は、クールさを増していった。

料理は高速へ

ほとんど名詞だけの6文字のコピー。それは疾走する時代にリンクする、切れのいいコピー。かっこよさの中に、売りにつながるマーケティングがしっかり仕込まれていて、効果的なコピーだと思う。感覚的でいて理性にも訴えかける強さ。科学者の計算式の匂い。口に出して読んでみると、なんとも、潔い。ああ、こんなの書きたいな、書きたいな、書けないな。

やすじ・あつし　大広。コピーライター。1962年生まれ。主な仕事に近鉄、サントリー、WOWOW、H・I・S・などがある。TCC部門賞、TCC審査委員長賞、クリオ賞、日経広告賞、NY ADC賞など受賞。

古くならないコトバ。

溝口俊哉

外資系育ちなので一貫して「ブランド」について考えてきた。つまりコピーライターの場合、スローガンとキャンペーンコピーを考えるのが「大きな仕事」だった。しかしそんなチャンスがいつでも転がっているワケはなく、ま、年に1回か2回。だからひとたびそういうチャンスが来ると、ひとつの「大きなコピー」にたどり着くまでにはなんだかんだで500案〜1000案ぐらい書いていたと思う。とにかくたくさん時間を使って、とにかくたくさん原稿用紙に書いた。そういう仕事のやり方をしていた時代だった。

短くて、新しくて、しかも古くならないコトバ。1年や2年では飽きられないコトバ。どんな人にも浸透していけるようなコトバ。一瞬で気持ちをとらえて記憶に残せるコトバ。いろんな条件をすべてクリアしてそのうえで「いいコピー」かどうか。いつもそんなことを心がけていたと思う。

想像力と数百円

糸井重里さんの天才的なコピーは数多くあれど、新潮文庫のこのスローガンを銀座線の中吊

Toshiya Mizoguchi

想像力と数百円

新潮社(1984年)○C/糸井重里

バザールでござーる

日本電気(1991年)○C/内野真澄、佐藤雅彦、安藤温子

Think Different.

アップル(1997年)○C/TBWA/CHIAT/DAY

りで見たときにはホントに頭を殴られたような気がした。ふだん自分が考えていたスローガン的なコピーが「いかに狭い発想」に捕われていたのかを感じた。しかも「数百円」という値段周辺の言い回しを使っているのにも驚いた。たしかにこういうのもアリだと気づかされた。いまでもこのコピーは使えるのではないか。

バザールでござーる

テレビCMはラジオCMだと当時、佐藤雅彦さんは言っていたように思う。そもそもいいスローガンは「声に出して」みると語感がいい。たとえ連呼してもイヤじゃない。このコピーもいまだって使われている。

Think Different.

既にいろいろな方が説明しているので、余談をひとつ。これを日本語に訳するならなんだろうか？「ちがうことを考えよ」「ふつうじゃない」などか。訳すというより概念を理解するという意味でいうとDifferentは「ちがう」ではなく「区別する（to set apart）」という語源だそうだ。美醜、善悪、黒白、普通か個性か。モノゴトに一線を引き「なにかと区別して考える」という概念がDifferentなのだ。これはハーバード卒の石川君から教わりました。

みぞぐち・としや　株式会社ロクビー　クリエイティブディレクター。元マッキャンエリクソン制作本部長ECD。主な仕事にコカコーラ、ダイエットコーク、アクエリアス、IBM、エグザス、NECエコ、AGA、ネスレなど。ACC賞、TCC新人賞、日経広告賞本賞、クリエイター・オブ・ザ・イヤーメダリストなど受賞多数。

梅干、緑茶、日本語コピー

萩原ゆか

高校生の頃、ドイツに住んでいました。あ、だからってドイツ語がわかるわけではありませんよ。

読めないドイツ語のせいで、街の広告は、わたしにはただの飾りでした。でも、カッコイイ飾りやおもしろい飾りを見るのはキライじゃありませんでしたけど。

というか、その頃のわたしは美大にあこがれていたくらいだから、見るのはむしろスキだったかも。なんかカッコイイってだけで、美術館にもよく行ってました。つまり、ビジュアル重視な10代だったわけです。

そんなある日、美術館の本屋で、わたしはある一冊を手にしました。それは、日本の広告を特集した写真雑誌でした。中を見ると、コピーが書かれていました。

そりゃそうです、広告ですから。そして、それはあまりにも素敵すぎました。ビジュアルとコピーで広告ができているんだ！　なんて、あまりにもあたりまえのことで、それに気づいて心がブルブルしていた、当時の自分のピュアなアホっぷりが、恥ずかしくなりますが。

ちからこぶる。

日清食品(1989年)○C／渡辺裕一

笑い声と泣き声は、
ときどき似ている。

岩田屋(1990年)○C／仲畑貴志

近道なんか、なかったぜ。

サントリー(1987年)○C／小野田隆雄

でも、それから、わたしはどの国の広告より、日本の広告が好きになりました。言葉の雰囲気とか距離感とか、そういうやたら些細で微妙なところの出る日本語のコピー（もしかしたら外国語でもあるのかもしれないけど、わからないから）は、本当にいいなぁと思います。ほんのちょっとした言葉遣いで、世界がぐーんと見えてきたりすることに、うっとりしてしまいます。

思えば、その頃は広告の黄金期とか、コピーライターの時代、とか言われた頃ですね。

わたしもまんまと、広告をつくる人になることと、一生、日本語で暮らしていくことを、決意させられました。

そんなわけで、今回はその古い雑誌の中から、その味わいに日本人でよかったと、しみじみしちゃったコピーを3本選びました。

ちからこぶる。

笑い声と泣き声は、ときどき似ている。

近道なんか、なかったぜ。

久～しぶりに、その古い写真雑誌を開いてみましたが、やっぱり、いいなぁ。

はぎわら・ゆか　1972年生まれ。武蔵美→博報堂→シンガタ。今までの仕事に「ケータイ家族物語」「プレイステーション」「singing♪AEON」「明光義塾」「ドコモ田家」など。

腹に刺さったままの言葉

古川雅之

父がドイツ人、母が大阪生まれのハーフだというのは半分ウソだが、幼少期の8年ほどをシカゴで過ごしたというのは紛れもないウソである。子どものころからこんな風だった（大人になって治った）。中学受験の小6を勉学のピークに、下りのエスカレーターに乗ったような学生時代。とにかくどうにもならなかった。

テレビから不気味な子どもが「ピーマン入れんといてや」。見てはいけないものを見てしまった気がした。当時は、それを考えたり作ったりしている人がいる、という当然のことを想像すらしなかった。

大学時代は、バブルの残り香ただよう心斎橋・鰻谷でバーテンのバイトに明け暮れた（実際には暮れて明けた）。毎夜へらへらと浮き草のような生活。見かねたのかお店の常連さん（すごい美人）がなぜか唐突に、こんなのがあるから古川くん行ったらどう？　と。それが「コピーライター養成講座」だった。すぐ行った。

こんな世界があるなんて！　ちょろい！　と思った。こっちがいいと思った。大学4年で突

おかあちゃん、
ケンミンの焼きビーフンに
ピーマン入れんといてや。

ケンミン食品(1988年)〇C／石井達矢

デビューするのだ、
デビュー感を持って
デビューしなければ
スターにはなれない。

(1969年)秋山晶

つまらん!
お前の話はつまらん!

大日本除虫菊(2003年)〇C／石井達矢、山崎隆明

古川雅之

如知った世界。代理店は一次の（たぶん）くじ引きでぜんぶ落ちた。拾ってもらったグラフィックプロダクションでコピーライターの名刺を作ってもらったときのことは20年前のことのように思い出せる。ちょろくなかった。なにがなんだか右も左もわからなかった（上と下はわかった）。毎週末、本屋の広告本コーナーに行き、広告・コピーの本を読み倒した。仲畑さんの『コピーライターの実際』『仲畑広告大仕事』は擦り切れるほど読んだ。

「昨日は、何時間生きていましたか。」

「カゼは、社会の迷惑です。」

秋山晶さんの名言「デビューするのだ、デビュー感を持ってデビューしなければスターにはなれない」。この言葉に励まされ、打ちのめされ続けた。結局デビュー感というものがわからなかった。大広に入れてもらってラジオCMやテレビCMを知った。猛烈に楽しくなってきた。30歳の年に電通へ。堀井さんがいて、田井中さんがいて石井さんがいた。

「つまらん」「岩下志麻です」「スパゲティ食べたでしょ」中治さんがいて山崎さんがいた。ヒット作を連発するチームに入れてもらって自分がわからなくなった。10円禿げができた。知らないうちに治ったが、気がつくとみんないなくなっていた。

※本文中に登場する方々は仲畑貴志さん、堀井博次さん、田井中邦彦さん、石井達矢さん、中治信博さん、山崎隆明さんです。

ふるかわ・まさゆき　電通関西支社・CRプランニング／電通・CDCクリエーティブディレクター・コピーライター・CMプランナー。1969年生まれ。主な仕事：大日本除虫菊（キンチョウ）、赤城乳業、日清紡、サントリー、日清食品、福井新聞など。主な受賞：TCCグランプリ、クリエイター・オブ・ザ・イヤー特別賞、ACCグランプリ、OCCグランプリ、アドフェスグランデ、JAA消費者に響く広告テレビグランプリ、佐治敬三賞など。

Masahiko Okabe

コピーは才能やセンスではなく、勉強するものでした。自分にとって。

岡部将彦

思っていたよりも、自分は鈍臭かった。頭できちんと理解していないと、身体が動かせないタイプ。にもかかわらず、コピーは才能やセンスで書くものだと信じていたことが不幸だった。コピーの役割や善し悪しを何も理解せずに書くことは、ストライクゾーンも分からずにボールを投げるようなものだ。ときどき、先輩やCDが褒めてくれることがあったけれど、それは偶然入っただけのストライク。当然、続かない。

良いコピーって、どうやったら書けるようになるんだろう…。悩み続けていた頃、TCC年鑑で「恋人は、しょせん素人です。」と出会った。誰もが頭に思ってはいるけれど言語化されていないことを見つけたらコピーになるんじゃないか？

その日から、その手法でばかり書いた。前より少しだけ褒められる回数が増えた。こういう手法をいくつ知っているかが大きな差になると気づいた。少なくとも自分にとって、コピーは勉強するものだった。気づくのが遅かったせいで、4年ほどムダにした。

そこからTCC年鑑をひろげては、コピーを分析する日々が始まった。知られざる強い事実。

恋人は、しょせん素人です。

ヘルス東京（1999年）○C／手島裕司

うそだと思ったら、食べてください。

東洋水産（2011年）○C／福里真一、谷山雅計

考えよう。答はある。

旭化成（2012年）○C／磯島拓矢、平山浩司

ビジュアル想起。提案型…etc.

自分なりに分類したものに、僭越ながら代表的なコピーを選び、目指すべきストライクゾーンにした。それは今も続けている。だから名作コピーを挙げろと言われれば、どうしても比較的新しいものになる。

「うそだと思ったら、食べてください。」

オンエアで見たとき、自分の中のトライアル誘因部門のコピーの順位が入れ替わった。

「考えよう。答はある。」

これを見たときも、企業広告（兼インナーモチベーション）部門の1位が入れ替わった。入れ替わる前の1位は、同じく旭化成の「昨日まで世界になかったものを。」だった。どちらも磯島拓矢さんのコピーだ（ちなみにこの部門の殿堂入りは「Think different.」）。

そして最後に、広告コピーではないけれど、自分が鈍臭いことを受け入れて、前に一歩ずつ進ませてくれた言葉を。

テスト生で入団した無名の選手から、後に三冠王、名監督にまで登り詰めた野村克也氏の言葉。

「努力に即効性はない」

「不器用な方が最後に勝つ」

おかべ・まさひこ　（株）Queクリエーティブ・ディレクター／CMプランナー。1978年生まれ。2000年電通入社。2018年Que設立。TCC最高新人賞、ACC金賞・銀賞・銅賞・コピー賞、ラジオ広告電通賞、タイムズアジア・パシフィック シルバー、FCC賞、CCN賞など受賞。

で、まだどのくらい「広告の時代」なのかな

服部タカユキ

「生まれた瞬間から記憶があった」のは三島由紀夫でしたっけ？　すごいですよね。ホントかな？　ぼくなんて20歳より前の記憶がほぼないのに…。

この眞木準さんのコピーを見たのはさすがに物心もついた頃で、えーと22〜23歳かな？　日比谷線の霞ケ関のキオスクで、競艇の新聞買って横を向いたらドーンって。で、見ているうちに頭の中で「今年の新作が出たんですよ」とか「男の子にもウケがいいです」とか「去年とはトレンドが違うから買い直して欲しいんです」とか、コピーストラテジーっていうのかな？　そういうのがバーっと見えたんですよ。で、そのまま言ったら身も蓋もないことを、こういうふうに書けちゃう人がいるんだなぁと。生意気ですね。まだコピーライター養成講座に通うか通わないかとか、そんな頃だと思うんですけど。でも、あの瞬間から自分はコピーライターとしてモノを見始めたんじゃないかなぁって。ま、後づけですけど…。

前田知巳さんのコピーを見たのはＪＲ渋谷駅の埼京線のホームかな？　その頃、エリック・ホッファーにかぶれていて「見慣れた物を新しく見せられるかどうかが創造的な芸術家の指標

きょ年の服では、恋もできない。

三陽商会（1997年）○C／眞木準

街をきれいに

宝島社（2000年）○C／前田知巳

届け!!!

AIR JAM 2011（2011年）Hi-STANDARD

※2011年4月26日、Hi-STANDARDのメンバー3人が「9.18ハイ・スタンダードAIR JAM。届け!!!」と、バンド復活を示唆するツイートをほぼ同時に投稿した。

である」とか。これもうそのまんまじゃないですか。うわぁスゲーなぁ参ったなぁと。前田さんと石井原さんのチームには「国をきれいに」ってのもあってそっちのほうが有名っぽいけどぼくは断然こっちが好き。って以前、石井さんに話したら「へぇ、変わってるなぁ」だって…。最近は「コピーだけ書く」とかはしてないし、そもそも「コピーだけで人の心を動かしたい」とかムシが良すぎるよねぇとか思ってるんですが、そんなぼくでもこのハイスタのやつは見た瞬間に「おおおお！」って。これはすごい。ただ何がそんなにすごいのかこのツイートに至るまでの文脈を共有してない人には全く伝わらないし伝えようもない。

でもこれからこういうの増えてくると思うんです。〝共有された記憶〟の汎用性がどんどん低くなってくる。友達にスター・ウォーズ知らなかったやつがいるんですけど旧東ドイツ出身で「観てない」んじゃなくて本当に「知らない」。そういう消費者がマーケットにはいるんです。もうみんなが知ってる記号を並べて想起率がどうこうとか言ってる場合じゃないと思うんだけど…。って、アジるのもなんか「楯の会」みたいだから、ぼくはまぁわかってくれる仲間と一緒にひっそりと、先に行こうと思ってますが。

はっとり・たかゆき　PwC Consulting LLC. Experience Center Creative Lead
twitter.com/takayukihattori https://note.mu/thattori

人生に残るコピー

廣瀬大

個人的な名作コピーを3つ選ぶ。正真正銘、自分が暮らしの中で偶然、接し衝撃を受けたコピー。するとそれは1行ですべてを語るキャッチコピーではなく、ナレーション、ボディコピー、会話でした。自分でも意外でした。ちょっと驚きました。

雪深い景色を走る列車。美しい音楽をバックに語られる言葉。「金沢へ行くのは、2年振りである。新幹線を長岡の駅で降り、そこで、特急に乗り換える。日本海が、目の高さと同じになる。きれいな人が、本を読んでいた。」本を読む美しい人。金沢の曇り空。最後に「その先の日本へ。」映像、音楽、言葉。すべてが完璧。まだ、高校生だった僕は、偶然見たこのテレビCMに身体の芯を揺さぶられる衝撃を受けたのでした。なんだか、たまらずぴょんぴょんテレビの前を飛び跳ねた記憶があります。「こういうすごいものをつくれる人になりたい」。広告なのか、それともまた別のものなのか。まだあの頃は全然、わからなかったけれど。というか今でもわかってないけど。このテレビCMの衝撃は、まだ僕の芯にじーんと残っています。

廣瀬大

きれいな人が、本を読んでいた。

東日本旅客鉄道（1995年）○C／秋山晶、岡康道

青空は、
史上最大の読書灯である。

新潮社（1995年）○C／糸井重里

…。

大日本除虫菊（1995年）○C／石井達矢、中治信博、林尚司

「青空は、史上最大の読書灯である。」は本屋さんでタダでもらえる冊子に掲載されていたのです。これはキャッチコピーももちろんいいけど、ボディコピーがすごくいい。ボディコピーの中の「夜読むばかりが本ではない」「汗をかいたり、西瓜を食ったり」とか「小憎らしい生徒たちに」とか、そういった言葉の使い方がすごく好きで、買った小説よりも、この冊子をボロボロになるまで何度も読んでしまいました。

「…。」これは絶句なのです。風呂のパイプを覗く夫婦。つまった髪はおまえのだ。いや、あんたのだ。と言い争っているのですが、突然、夫がおもむろにカツラを外すのです。あっけにとられた妻「…。」夫「おまえ。知らんかったんか。」妻「何で…。」妻「えー、うそー。」夫「15年ぐらい前からやけど。」パイプの詰まりをとるパイプシャワーのCM。2人のかけあいにテレビの前で1年分ぐらい笑いました。

記憶をたどりながら当時の広告を見返したのですが、ものすごく元気が湧いてきた。というか希望で一杯になった。コピーには、広告には、こんな力があるんだと改めて思いました。

ひろせ・だい　コピーライター＆ＣＭプランナー。この「名作コピーの時間」執筆にあたり、原体験を思い出し、なんだか元気が出てきました。誰にも言ったことはありませんが「仕事は愉快に。」が働くときのテーマです。主な受賞歴はＴＣＣ賞、ＴＣＣ新人賞、ＡＣＣゴールド、日本民間放送連盟賞グランプリ、グッドデザイン賞など。

どんなコピーに出会ったかでコピーライターの人生は決まる（のかも）

吉澤到

17年前のその日、僕は失意の中で局長室のソファに腰を沈めていた。目の前にいる眼光鋭い白髪の人物が、最初の上司になる平井英人さんだった。その日は配属式で、僕は希望していたコピーライターにはなれず、セールスプロモーションの部署に配属されたのだった。平井さんは昔有名なコピーライターだったと話に聞いていた。ダンディで女性にモテるらしく、今まで何度か結婚と離婚をしているという噂もあった。その晩、平井さんは僕たち新人を行きつけのクラブに連れていき、コピーライター時代の話をしてくれた。

平井さんの代表作は日産ブルーバードの「愛されてますか。奥さん」だった。僕の生まれる前の作品だ。平井さんは「コピーというのは、私小説なんですよ」と言って悪戯っぽく笑った。

あれからコピーライターとして長く仕事をするようになってわかったことがある。結局、自分が経験したことしか書けないということだ。コピーライターにとって必要なのは、語彙ではなく人生経験なのだということを平井さんから教わった。

「1億使っても、まだ2億」のコピーと出会ったのは中吊り広告だった。小さなコピーだった

愛されてますか。奥さん

日産自動車(1972年)○C／平井英人

1億使っても、まだ2億

全国都道府県及び12指定都市(1999年)○C／滝村泰史

変われるって、ドキドキ

トヨタ自動車(2000年)○C／山本高史

吉澤到

が、頭を殴られたような衝撃を受けた。まだ、キャッチコピーとは何なのか悩みながら模索していた時期。「そうか、これがコピーか！」と目を開かされた思いがした。3を1＋2にするだけで、遠い世界の3億円が、急に現実味があるものに思えてくる不思議。「コピーとは、視点の発見である」何人もの先輩から聞いていたその教えが、腹落ちした瞬間だった。

コピーライターにとっての教科書は、世の中に出ているコピーである。ハッとするコピーに出会ったら、その発想がどういう思考のプロセスで生まれたかを想像し、同じ回路をたどってみる。それはコピーライターの習性のようなものだ。しかし、いくつかのコピーでは最後までたどった後に「ああ、自分には書けない」と思うことがある。それはそのコピーが、独特の文体を持っているときだ。山本高史さんのコピーには文体がある。そして、文体は書き手の個性であると同時に、発明でもある。「○○って、××。」もうこのレトリックは誰が使おうと、二番煎じを免れない。

よしざわ・いたる　博報堂　ブランド・イノベーションデザイン局　局長代理／シニアクリエイティブディレクター。東京大学文学部卒。コピーライター、クリエイティブディレクターとして、博報堂で20年以上にわたり、様々な企業のマーケティング、ブランディング、ビジョン策定などに従事。2016年、英国ロンドン・ビジネススクールに留学、スローン修士(MSc)を取得。帰国後は、新規事業開発やイノベーション支援を通じて、企業の変革に携わる傍ら、クリエイティブ・コンサルティング・ユニットTEKOのメンバーとしても活躍している。

言葉って、面白いなぁ。

岩田正一

大学時代には、軽音楽のクラブに入っていた。ギターを手にしていた私には、挫折しか記憶がない。とにかく、才能豊かな先輩ばかりだった。自信を失いかけていたとき、大好きな先輩から、作詞を依頼された。たまたま書き溜めていた詞に興味をもってもらえたのだ。それが、言葉を作る人生のはじまり。そんな時代に目にしたのが、糸井重里さんのコピー、西武百貨店の「おいしい生活」だった。

「おいしい」と「生活」。なんでもない言葉の組み合わせが、新しい世界を感じさせてくれた。作詞をする際に「言葉の組み合わせ」を楽しんだものだ。ちなみにこの時代の音楽仲間である高原兄（元アラジン）が作った言葉は「完全無欠のロックンローラー」。音楽コンテストで負けたことよりも、言葉で負けた気がする。その後、コピーライターという名刺を持つことにも慣れてきた頃に出会ったのが、岡田直也さんのコピー、豊島園「プール冷えてます」だった。

これまた「プール」と「冷えてます」。言葉の組み合わせが普通じゃなかった。このコピー以外にも豊島園のコピーには、言葉で気持ちを揺さぶるチカラがあった。その後、岡田直也さん

岩田正一

おいしい生活。

西武百貨店(1982年)○C／糸井重里

プール冷えてます

豊島園(1986年)○C／岡田直也

四十才は二度目のハタチ。

伊勢丹(1992年)○C／眞木準

とは親しくさせていただいているが、いつも、強い言葉を作ろうとする姿勢は勉強になる。そして、クリエイティブディレクターという名刺を手にした頃に出会ったのが、眞木準さんのコピー、伊勢丹「四十才は二度目のハタチ。」だった。

年を重ねることで、寂しさを感じ始めた女性に勇気をプレゼントした言葉だと思う。このコピーには、言葉の組み合わせとは違う、魅力がある。それは、発見と提案だ。眞木準さんとは、その後、お会いすることがあった。「コピーは、ポスターのための一行じゃない。言葉で、世の中や、会社や、人の心を動かすものなんだ」ということを教えていただいた。

実は、この言葉こそが、私の今を支えている。コミュニケーションワード、コンセプトワード、スローガン…。いろいろな言葉があるけれど、言葉ひとつで、何かが大きく動きはじめる。そんな、言葉作りに、面白さを感じている。こうして考えてくると、好きなコピーを生み出したコピーライターには、出会うことができたけど、糸井重里さんにはまだお会いできていない。今後の目標としよう。

いわた・しょういち　新東通信スケッチ 代表取締役、クリエイティブディレクター。
企業・団体・個人（アーティスト・クリエイターなど）のサクセスストーリーを描く（スケッチする）ことに取り組んでいます。

嘘のような。

池田定博

嘘のような、ほんとの話をします。

タンスにゴン　タンスにゴン
亭主元気で留守がいい〜

このコピーが流行った頃、僕はまだ大学生でした。空き時間によく行っていた大学の図書館で、ある時、ＣＭとか、宣伝とか書いてある本が並んでいるコーナーを見つけました。そこで興味を持ったのが、コピー年鑑でした。テレビや街で見た広告が、図鑑のように載っていました。タンスにゴンは、その年のクラブ賞の広告でした。

コピー年鑑の横には、宣伝会議という雑誌がありました。そこで知ったのがコピーライター養成講座でした。何よりも魅力だったのは、コピー年鑑に出ているコピーライターの人たちが講師で来られるということ。バイト代で貯めたお金をはたいて通いはじめました。ゴンのコピー

亭主元気で留守がいい〜

大日本除虫菊(1986年)○C／石井達矢

なんにもしないをするの。

西武百貨店(1990年)○C／古居利康

愛とか、勇気とか、
見えないものも乗せている。

九州旅客鉄道(1992年)○C／仲畑貴志

池田定博

を書いた人も講師で来ていて、コピーを添削してもらいました。結果は「うーんもうちょっとやな」みたいな感じで残念だったのですが、見てもらえたことにドキドキしてたのを覚えています。

やがて就職。広告会社はひとつも受からず、印刷会社から内定をもらいました。配属は営業でした。1年くらいたった頃、ある人から電話がかかって来ました。ゴンを書いたのとは別の人ですが、宣伝会議の講師の方でした。「君のコピー面白いからコピーライターならへんか」。オレオレ詐欺みたいな電話ですが、まだ純粋だった僕は、その言葉を真に受け、プロダクションのコピーライターになったのです。

なんにもしないをするの。

愛とか、勇気とか、見えないものも乗せている。

この2つは、コピーライターになりたての自分の気持ちにシンクロした、好きなコピーです。CDから駄目出しをくらいながらも、コツコツとコピーを書き続けました。コツコツとやるといいこともあるようで、その後誘われて、今の会社に入り、CMプランナーになりました。ゴンのコピーを書いた人も、すぐ近くに座っていました。できすぎた話ですが、ほんとの話です。

いけだ・さだひろ　電通関西支社 マーケティング・クリエーティブセンター。関西CRプランニング室クリエーティブディレクター。1968年生まれ。大日本印刷、ガルデザインシステムを経て現職。主な仕事に京阪電気鉄道、エディオン、モノタロウなどがある。ACCラジオグランプリ、ACC作詞作曲賞、TCC部門賞、ADC賞、OCCクラブ賞など受賞。

コピーライターの僕誕生前の記憶

玉川健司

自分がコピーライターになる前、どんなコピーに触れていたのか。そんなことをぼんやり思い出しながら3本のコピーを選択させていただきました。そういえば小学生のときは、とにかく遊んでばかりのアクティブな少年でした。僕を知っている方は想像できないかもしれませんが。野山を駆け回ってはなんか植物を食べてみたり、川に行っては手掴みで魚を獲ってみたり、服を汚したり自転車を壊したりしては親に怒られていました。

山に行ったとき歌いたい衝動に駆られていたのが丸大ハンバーグのCMソング。「ハイリハイリフレハイリホー」という意味不明な言葉の歌が、僕らを虜にしていました。いまでもフルコーラスで歌えます。「大きくなれよー」という合いの手をどこで入れるかのタイミングも、バッチリです。知らない人にはなんのことやらわからないと思いますが、知っている方は多分このCMの偉大なパワーをたまに思い出すのではないでしょうか。

ある日そんな生活に革命が起こりました。ファミコンの登場です。テレビの中にいつもとは違う野山や川みたいな世界が広がっていました。そこを自由に跳ね回り、見たこともない敵と

玉川健司

ハイリハイリフレハイリホー

丸大食品(1979年)

クーソーしてから、
寝てください。

ナムコ(1985年)○C／糸井重里

何も足さない。
何も引かない。

サントリー(1992年)○C／西村佳也

戦いながら進む、好奇心旺盛な僕らはたちまち虜になりました。その頃のナムコのCMは今でも映像と音楽で覚えています。特に「クーソーしてから、寝てください。」というコピーは、まだウンコという言葉の面白さから抜けきれない小学生の僕の心をグッと掴みました。空想とウンコ、自分の好きなものがそこには2つもありました。

さて、そんな多感な時期を過ごした僕もやがて大人になりました。ちょうど大学生、やっぱり格好つけはじめました。好きだった女の先輩から教えてもらったパンクなんか聴きながら車で夜景を見に行く、なんて今考えるとゾッとするくらいカッコ悪いことをしていました。別に風貌も魂もパンクではありません。僕を知っている方は想像できると思いますが、今よりナヨナヨしていました。そんなとき「何も足さない。何も引かない。」というコピーに出会いました。なんという深みと本物感。かっこえーと思いました。それで勘違いが直って本物の大人になったとかは全くありませんでした。でも、いまサントリー山崎を飲むとき、すこし贅沢した気分になれるのはきっとこのコピーのおかげに違いありません。

たまがわ・けんじ　アサツー ディ・ケイ　EXデザインセンター　EXクリエイティブ室　クリエイティブディレクター。受賞歴にACC GOLD、広告電通賞、TCC新人賞、FCC最高賞、Effie GOLDなど。

短くて、シンプルで、本音のあるコピー

大久保浩秀

十代のころから好きで聴いているパンクロックやハードコアの楽曲は、短くて、本音があって、シンプルだ。そんなことを考えながら、短くて、本音があって、シンプルなコピーを選ばせていただきました。

僕たちコピーライターが書いているコピーというのは、広告を見たくない人たちに見てもらうための工夫のことだと思っています。そもそも広告なんて誰も見たくない。広告を見たくない人にとっては、短くてシンプルなコピーのほうが受け入れられやすいはずです。

さて、ではコピーはどこまで短くできるのか。例えば谷山雅計さんの98年の名作、「Yonda?」。これは短い。超短い。「パンダのキャラクターがYonda?って言ってる新潮文庫の広告。あれ、かわいいよね」と広告を見た人が、人から人へどんどん広げていく絵が浮かんできます。短くてシンプルなコピーは、アイデアそのものがシンプルということですから、他人に伝えやすい。他人に伝えやすいから、世の中に広がりやすい。そうやって、どんどん世の中に流通していく。生活者が勝手に広告してくれるようになる。それが、流行るとか、話題になるということだと

Yonda?

新潮社『新潮文庫』(1998年)○C／谷山雅計

消えたかに道楽

東海旅客鉄道『JR東海』(1991年)○C／谷山雅計

つまらん！

大日本除虫菊『水性キンチョール』(2003年)○C／山崎隆明、石井達矢

思うのです。

流行るとか、話題になるといえば、同じく谷山雅計さんのコピーで「消えたかに道楽」でしょう。かに道楽の看板が旅に出るというキャンペーン。その広告を展開している間、かに道楽の看板を掲げているお店からかに道楽を取り去って、代わりに「JR東海のTVCMに出演中」という垂れ幕をした。今で言うバズとかバイラル的な手法を、なんとポケベル全盛期の91年にやってのけています。ちなみに当時17歳の僕はポケベルすら持っていませんでしたが。

本音があるコピーは、断トツで水性キンチョールの「つまらん！」です。これには、お茶の間で度肝を抜かれました。「広告ってここまで言ってもいいのか！」と。この大胆なコピーには、生活者の本音があったのだと思います。まさにセックスピストルズとディスチャージ以来の衝撃でした。

パンクロックが短くて、本音があって、シンプルな音楽で僕を熱狂させたように、僕も短くて、本音があって、シンプルなコピーで世の中を熱狂させたいと願うのです。

吐き気がするほどロマンチックだぜ。

おおくぼ・ひろひで　REACH クリエイティブディレクター／コピーライター／CMプランナー。主な仕事に資生堂ジャパン「ディシラ」、日本スイミングクラブ協会など。加賀温泉郷協議会「レディー・カガ」で観光庁長官表彰。TCC新人賞、OCC準クラブ賞、OCC審査委員長賞、OCC新人賞、FCC賞、CCN賞、CCN審査員特別賞、HCC賞グランプリなど受賞。

お笑い芸人になりたかった。

廣瀬泰三

ボクの部屋に捨てられないビデオが80本以上ある（AVではない）。中1の頃から、録りためした漫才番組・コント番組のビデオだ。朝刊のTV欄のお笑い番組を全局チェックし、録画予約し、野球部の朝練に向かう。夜にヘトヘトで帰っても、それを擦り切れるほど繰り返し見ていた（文字通り擦り切れてテープが切れてダメになったものもある）。とにかくお笑い芸人がカッコ良くてカッコ良くて、仕方がなかった。コントはアイデアの宝箱で、映画や歌より、何より価値の高いものと思っていた。同級生とコンビも組んだ。文化祭でも漫才をした。ウケた。未来を考えた。「高学歴のお笑いコンビってエエんちゃう？」という、いやらしい計算のもと、受験勉強も始めた。

相方は大阪大学に合格し、ボクは見事に落ち、浪人した。一足先に吉本の芸人養成所NSCに入った相方に様子を聞くと「エグいぞ。みんな死ぬ気や。覚悟がちゃう、無理や」と言い、ボクもビビって、芸人になるのを諦めた。でも、大学生（結局、第一志望には落ちた）になっても「人を笑わせたい」という思いは消えず悶々としていた時、構内の掲示板でふと電通という会社

Tell meガツン

サントリー(1998年)○C／多田琢

閻魔大王
「ムカデキンチョールで
殺したムカデ987匹。
はい、あんたは地獄!」

キンチョウ(1997年)○C／林尚司

フッリーダイヤル
84-3680
はよ、みろ、ワレ。

ユーポス(2000年)○C／山崎隆明

がやっている「クリエーティブ塾」という講座を知り、CMを作る勉強が出来るとの話だったので、応募した。

その講座で出会った講師は衝撃だった。永谷園のお茶漬けのパッケージみたいな配色のジャケットの人がいた。「なんだこの会社員は!?」と思いつつ、気付けば広告の世界に夢中になった。15秒のCMで面白いものを作る。世の中で面白がられ、お得意も、お茶の間も、そして作った人も。関わった人全員が幸せになる仕事…そう思えて、すごく魅力的に感じた。幼少期からの偏った価値観「面白ければ、何をしてもいい」という考え方でやっていいんだ、と思えた(本当は良くない事を後で知る)。そんな当時の僕にとって「広告のコピー」という感覚はもちろんなく、上にあげた名作コピーは、大笑いしたコントのセリフ、みたいな感覚のもので、全て大好きな言葉です。

今でも、いかにも広告コピーという言葉よりも、人間の本音の叫びのような「お化粧されてない言葉」にひかれます。

ひろせ・たいぞう 電通関西支社 CMプランナー／コピーライター。受賞歴：ACCゴールド、シルバー、広告電通賞最優秀賞、TCC新人賞、OCC賞、FCC賞、CCN賞など。主な仕事：UHA味覚糖「AKB48×ぷっちょ」コミックシーモア「ヒマ女」、赤城乳業、ロート製薬など。

京都生まれの父と母は

小山佳奈

京都生まれの父と母は、長い休みになると、いつも祖父母のいる京都に、私たち姉弟を連れて帰った。ある時、いつものように京都駅に降り立つと、大きなポスターが貼ってある。「そうだ 京都、行こう。」のポスターだった。その時は「ふーん」くらいに思っただけだったけれど(太田さんごめんなさい)、休みが終わって地元に帰ると、何かが変わっていた。その広告がある前は「京都に帰る」と友だちに言っても、年寄くさい、線香くさい、それよりディズニーランド行ったんだけどさ、みたいな反応だったのが、そのCMが流れ出した以降は、みんなが口々に「うらやましい」と言う。以前と以後、世界は変わった。コピーの持つ力に、初めて出会ったのが、このポスターだったと思う。

その出会いに感謝して、コピーライターを目指したかというとそんなこともなく、ただただぼんやりとしていた大学生の頃。たいていは大学にも行かず、だらだらと家で映画を見て本を読んで音楽を聴いていた。そんなだったから、将来、何をしていいかもわからない。そんな時に出会ったのがJ－PHONEの広告だった。こんなものがお茶の間に流れてきていいんだと

パリやロスにちょっと詳しいより
京都にうんと詳しいほうが
かっこいいかもしれないな。

東日本旅客鉄道(1993年)○C/太田恵美

意味のないそれらを、
僕は死ぬほど愛している。

J-PHONE(1997年)○C/岡康道

童貞と天才は、
十代の夏に捨てられる。

サントリー(1988年)○C/一倉宏

小山佳奈

思った。圧倒的にかっこよくて、圧倒的に狂っていて。広告代理店の存在すら知らなかったけれど、とにかく、すごいと思った。でも、逆に言えばこんな世界に私が入れるわけがない、とも思った。だから入社試験の時には、コピーライター志望だなんて言えなかった。

それでも、なぜだか運良くクリエイティブ配属になって、なったはいいけれど、右も左もわからない。何がコピーかもわからずに泣きそうになりながら、夜中、会社の書棚でパラパラと昔の年鑑を見ていて出会ったのが、サントリーのコピーだった。衝撃だった。自分が思い描いていたコピーとは、まるきり違う世界がある。理屈を超えて、ざわざわする。そして、言葉という誰もが発することができるものである以上、広告とかそんな領域なんて関係なく、どこの場所に立っても勝負できるものでなくてはいけないんだということを、思い知った。

それから10年以上が経ったけれど、コピーというものがどういうものか、いまだにわからない。でも、いつか、こんなコピーが書けるかな、書けるといいな、と、ドキドキしながら生きている。

こやま・かな　コピーライター。
電通CDC局所属。主な仕事にドコモ　dビデオ、サントリー「金麦」「山崎」など。TCC賞、ACC賞、ADC賞、朝日広告賞、日経広告賞、CANNES、D&AD など受賞。

コピーは絶望だった。

河西智彦

コピーは絶望だった。

多くのクリエイターもそうだったように、就職活動を始めるまでは、広告代理店はおろかコピーライターの存在すら知らなかった。

大学教授の父の背中を追い、自分も研究者になりたいと思っていた。人生経験しとくか、ぐらいの気持ちで就職活動をした。相手をナメてる分内定をドカドカもらい、調子に乗った。働くなら（研究者と同じように）考える仕事を、と博報堂を選び、調子に乗ったままクリエイティブ試験を受け、落ちた。

4年後、2回目の試験も落ちた。大学で研究者になったもうひとりの自分が、冷たい目で自分を見ていた。息子が研究者になることを期待していた父の顔も見られなかった。

俺はクズだ。

1冊の本をふと読み返した。開高健。小さい頃ほとんど本を読まなかった自分が、父と兄に勧められてから、唯一無条件で読む作家（兼コピーライター）。むさぼるように読み返し、絶望し

河西智彦

漂えど沈まず。

『花終わる闇』ほか○C／開高健

明日、世界が滅びるとしても、
今日、君はりんごの木を植える。

○C／ルター

男は黙ってサッポロビール。

サッポロビール(コピー年鑑掲載:1971年)○C／秋山晶

た。漂えど沈まず。入ってきて人生と叫び、出ていって死と叫ぶ。こんな言葉書けるわけない。でも、このまま沈むわけにはいかない。

7年目。3回目の挑戦で合格した。理由は分からない。生き延びた。今度はむさぼるようにコピーと広告を見た。そしていろいろなコピーを見て絶望した。こんなコピー書けない。こんな広告思いつかない。だから思った。まずは嫉妬だ、と。

絶望は、嫉妬を感じることすらないレベル。ならば嫉妬という手に届きそうな光を探そう。絶望しながら、その方向にあるちょっと先の光を目指す。それを積み重ねて8年。気づいたら研究者の自分は消えていた。でも、辿りつきたい場所はまだまだ先にある。まだ何も書けていないし、何も動かせてはいない。何を受賞したかではなく、何をつくったかで勝負をしたい。

クリエイターになって何年たっても、絶望させられるコピーや広告は毎年うまれてくる。一向に減ることはない。でもいまは絶望が好きだ。絶望したぶん成長できる、その自信は、ある。

親父へ。研究者にならなくてごめん。でも親父と同じように、生まれ変わってもこの仕事をしたい、そんな仕事を見つけたよ。

かわにし・ともひこ　博報堂CD・コピーライター・CMプランナー・コミュニケーションディレクター。最近の仕事：トヨタ自動車、ひらかたパーク、個人向け号外サービスWATTE、UHA味覚糖グミガーム、ヤンマーなど。カンヌ広告祭GOLD、アドフェストGOLD、グッドデザイン大賞、TCC新人賞、ACCシルバー多数、OCCグランプリ、CCNグランプリ、読売広告賞、準朝日広告賞など。

強くてやさしい言葉たちと、ちゃんと働くコピー

後藤国弘

新聞に載っていた小さな求人広告からコピーライターの世界に転がり込んだ僕は、悩みの中にいました。大学の夜間部を卒業して別の仕事をしていた僕には、幸運にも知り合うことができたカッコいい大人たちとのつながり以外には自分の中に根っこもなく、焦っていたのです。忙しい会社ではなかったので、夜は嫌いじゃない飲食業でアルバイトをしてお金を貯めて、広告批評の広告学校や宣伝会議のコピーライター養成講座に通いました。わかりやすい夢見る若者として、まあまあ頑張っていたのではないかと思います。

今回、自分の思い出深いコピーについてあらためて考えてみると、仲畑さんと小野田さんのコピーが浮かびました。それは、カードとウイスキーそれぞれから生まれた紛れもない商品コピーでありながら、どちらも当時の僕を励ましてくれる、強くてやさしい言葉だったのです。カードのコピーが、ウイスキーのコピーが、自信の欠片すらなかった若造の背中を押してくれる。広告のコピーが、その目的を超えて、大切な言葉となって人の心の奥まで届く。調べてみると、どちらの仕事も同じ年の年鑑に載っていました。それは僕が25歳だった頃。コピーが時

生きるが勝ちだよ、
だいじょうぶ。

セゾングループ「セゾンカード」(1988年)○C／仲畑貴志

近道なんか、なかったぜ。

サントリー「サントリーオールド」(1988年)○C／小野田隆雄

毎日が、あたらしい。
ファッションの伊勢丹

伊勢丹「企業スローガン」(1994年)○C／土屋耕一

代との関係を宿命的に背負っているものならば、それはまさしく僕の25歳という時代にも直結していた言葉だったのです。その後しばらくして僕は岩永嘉弘さんの事務所に入り、アシスタントとしての修業が始まることになります。

土屋さんのコピーには、また別の思い入れがあります。それは伊勢丹の企業スローガン。現在、僕も伊勢丹の仕事を担当させていただいていることもあり、このコピーはフレーズとして話題になるようなものとは少し違うかもしれませんが、企業としての真ん中に確実に根づき、内側から変えることで外側までを変えることに機能しつづけるコピーであることを実感しています。うれしいことに、このスローガンが作られた20年前に土屋さんと一緒に仕事をされていた担当者の方から、宝物のような話をたくさん聞かせていただきました。ついつい、いわゆるコピーっぽいコピーを書きたくなってしまう時に、伊勢丹にはためくあの旗を思い出しながら、ちゃんと働くコピーを書かなければと強く思うのです。

ごとう・くにひろ　ドライブディレクション代表。クリエイティブディレクター／コピーライター。主な仕事に、三越伊勢丹、リクルート、フジテレビ、ゴールドウインなどに加えて、東日本大震災の応援プロジェクトにも取り組む。TCC新人賞、ACC部門賞・話題賞、グッドデザイン賞、日経広告賞優秀賞などを受賞。

広告はなにをやってもいいんだと思い知らされたコピー

左俊幸

20歳のときに広島（福山）から福岡に来て、天神ビブレとマツヤレディスの広告がすごく気になりました。当時の僕は2浪してようやく大学に入り、出遅れた2年間を挽回すべく「やりたいことを早く探して、それを仕事にしよう。」と意気込んではいたものの、20歳の僕がやりたいことはエロいことしかなくて、しかしエロいことを仕事にする勇気はなくて、とても悶々としていた頃でした。そんなときに見た天神ビブレのCMは、裸の女性が2人で抱きあっていたり、急に宇宙人が出てきたり、すごく感動的だったりで、一方マツヤレディスのグラフィックは、異常にトンチが利いていたり、かっこいいパロディーだったり、すごく共感できるコピーがあったりして、なんというか、広告なのにめちゃくちゃ自由な感じがあって、当時の僕にはすごく刺さりました。

で、天神ビブレとマツヤレディスの両コピーライターに教えてもらえる学校を知って、これは運命だと思い込んだ僕はコピーライターになろうと思い、そこから広告学校、宣伝会議上級コース、宣伝会議基礎コース、そして電通九州入社に至るまで、その2人の講師の方にはずっ

男は女で弱くなる。
女は男で強くなる。

天神ビブレ(1996年)○C/植原政信

服が変な日は、
まっすぐ帰る。

マツヤレディス(1997年)○C/門田陽

ちゃっぷい
ちゃっぷい
どんとぽっちい

金鳥どんと(1983年)○C/堀井博次、田井中邦彦、徳永眞一郎

とお世話になり続けました。それが現在の上司である植原CDと、元電通九州で今は電通にいらっしゃる門田さんです。たぶん2人ともこのページはご覧になっていないと思われますが、その節はいろいろとありがとうございました。

で、何とかコピーライターになれたものの、現実はそんなに甘くなく、エグい作業に忙殺されて仕事が全く面白いと思えなくなった時期があり、そのとき読んだのが『堀井博次グループ全仕事』という本でした。そこには子供の頃にマネをしまくった金鳥どんとや、何度見ても面白い関西電気保安協会や、山崎さん夫妻が出られているCMなどが載っており、あまりにも自由なコピーやセリフに圧倒されながら、広告は何をやってもいいんだということを、僕はもう一度強烈に思い知らされたのでした…。広告づくりはいろいろ大変ですし、理不尽なことも多々ありますが、そんな事情を生活者に全く感じさせない、あの頃に見たような自由な感じのコピーや企画は、今でも僕の目標になっています。なかなか難しいですが。

ひだり・としゆき　電通九州　CD局　クリエーティブ1部　コピーライター／CMプランナー兼デジタル・マーケティング・センターデジタル・ソリューション・ユニット。主な仕事に「五ヶ瀬 ハイランドスキー場」「ジャパンラグビートップリーグ」「高山質店」「スマイルプラザ」「別府競輪の男達」など。FCC最高賞（02年・08年）、CCN最高賞（08・11年）、OCCクラブ賞（13年）、TCC賞（08年）、クリエイター・オブ・ザ・イヤー　メダリスト（11年）など受賞。

巧みなコピー、気持ちを代弁してくれるコピー、恩人的なコピー

李和淑

子どもの頃から「宣伝」が大好きだった。「広告」という言葉はまだ知らなかった。

3才で「3時のおやつは文明堂〜」を姉と踊り、8才のときは「ソ、ソ、ソクラテスか、プラントか」を大声で歌い、12才のときには大きくなったら「不思議なピーチパイ」の口紅を絶対つけるぞ、と決意した。

14才で、パイオニアのラジカセ〈ランナウエイ〉のCMに出会った。友達、勉強、部活、家族。自分をとりまくすべてのことが煩わしくて、どこかへ逃げてしまいたいと思っていた。そんなとき耳と心に飛び込んできたのが、ひとつめのコピー。いまの時代、家出するときは「音楽」を持っていけるんだ。ああ、自分も〈ランナウエイ〉を抱えて旅に出たい。と、巧みなコピーにまんまとはまった。でも、家出はしなかったし、ランナウエイも買ってもらえなかった。

ふたつめのコピーに出会ったのは、16才。この頃はもうすでにコピーライターになると決めていたので、地元横浜で街中のポスターをパトロールし、キャッチフレーズなどをメモっていた。そこで遭遇したのがファッションビル「モアーズ」のコピー。横浜でしか遊んだことのな

父は本を持って家を出た。
僕はランナウエイと
汽車に乗る。

パイオニアRunaway(1981年)○C／秋山晶、岩上純一

東京、カッペね。
大阪、イモね。

横浜モアーズ(1983年)○C／仲畑貴志

六本木は、
夜更かしのしすぎです。

カナダ政府観光局 カナディアン航空(1988年)○C／広沢理恵

い地元ラブな私たちの気持ちを、そのまま代弁しているかのようなフレーズ。胸のすく思いだった。それにしても、ビジュアルがどうしてサバンナの豹だったり、雪原の鹿だったりしたんだろう。こんど仲畑さんに聞いてみよう。

最後3つ目のコピーは、21才。憧れのコピーライターになって3年が過ぎたのに、なにを書いてもダメだった時期。1988年TCC最高新人賞のこのコピーには、コピーの書きかたを教えてもらった。ビジュアルは大自然カナダの美しい朝焼け。どこかでこんな内容のコメントを目にした。「カナダの自然の美しさを語るだけなら絵はがきになってしまう。広告を見た人にどう共感してもらえるかが大事」なにかがコツンと腑に落ちた。そうか、私は商品のことばかり語っていて、人の気持ちをぜんぜん探ってなかった。よし、もう少しがんばってみよう。と、コピーのヒントだけでなく希望までもくれた、恩人的なコピーである。

「宣伝」好きの子どもからコピーライターになって、来年で30年。自分の書いたコピーがひとつでも誰かの心に刻まれていたら、とてもうれしいのだけれど。

りー・ふぁすく　スプリング　コピーライター、クリエイティブディレクター。サン・アドを経て2008年独立。手がけた主な仕事は、スズキ〈ワゴンR〉渡辺謙シリーズ、フィンエアー「近道する飛行機。」、マーチ・エキュート、ルミネゼロ、Itochu Garden 各ネーミング、キリン生茶2016年リニューアル、アユーラ「負けない肌へ。」、チュチュアンナ・シーズンプロモーションなど。

Copy selected by copywriter

地図に残る仕事。

大成建設（1992）　C／安藤寛

※「地図に残る仕事。」は大成建設の登録商標です。

恋は、
遠い日の
花火ではない。

サントリー（1995年）C／小野田隆雄　出演／長塚京三

いつかこの名作に近づけるコピーを書きたい

岡野草平

CMプランナーだからなのか、思い出すコピーはCMのものが多いですね。ひとつ目の「恋は、遠い日の花火ではない。」は、たしか中2ぐらいのときに初めて見たのですが、「なんか大人になるって素敵だな。早く大人になって結婚して…でも…」と片田舎の布団の中で妄想していました。あれから20年。当時の自分に「馬鹿だね。結婚すらしてねえよ笑」と伝えてあげたいです。抑えの「OLD is NEW」もイイんですよね。

「そうだ 京都、行こう。」も言わずと知れた名作ですが、実は初めて読んだとき、「は？ 何がいいの?」って思いました。というのも、僕は京都生まれ。大学時代も京都。東京に夢を抱いて上京してきたばかりの若者には、まったく届かないコピーだったのです。しかし、不思議なのは上京して13年も経つと、もう東京が故郷みたいになっちゃうんですよね。今では、もう…刺さりまくりです。今すぐ京都行きたいです涙。コピーは、生き物だなあ。と、しみじみ感じた経験でした。

最後の紹介したいコピーは、「このろくでもない、すばらしき世界」です。サントリーの宇宙

岡野草平

恋は、遠い日の花火ではない。

サントリー ニューオールド(1995年)○C／小野田隆雄

そうだ 京都、行こう。

東海旅客鉄道(1993年)○C／太田恵美

このろくでもない、
すばらしき世界

サントリー BOSS(2006年)○C／照井晶博、福里真一

人ジョーンズがはじまった時、僕も某飲料メーカーさんの缶コーヒーの企画をしていたのですが、CDの古川さんから、ろくすば（古川さんはコピーを略すのが好き）みたいなコピーを書いて！としつこく言われた記憶があります。ジョーンズシリーズが立ち上がった時、古川さんが、今年のACCグランプリは「ろくすば」だよ。間違いない。とおっしゃって、たしかファイナリストとかで、「なーんだ、古川さんぜんぜん当たってねーじゃん」と思っていたら、次の年グランプリでした（笑）ちなみに「ろくすば」みたいなコピーは結局書けませんでした。◯◯みたいなコピーっていうのは、絶対本家を超えることはないんですよね。日頃からメジャーは正義！メジャーじゃなきゃ意味がない！（個人的な極論です、すみません…）と自分に言いきかせて企画しているので、選ぶものも、なんかメジャーなものになってしまいました。いつか、この3本に少しでも近づける名作を書けたらな……いや、書きます！

おかの・そうへい　電通CDC クリエイティブディレクター／CMプランナー
1979年生まれ。主な仕事に東京ガス「家族の絆シリーズ」、SMART NEWS、BIG「10億円 BIG」、toto「最後の試合」、ロッテ「サイモン利根川」、読売新聞オリンピック「僕に走れなかった道」、主な受賞に、ACCゴールド・シルバー・ブロンズ、ACC小田桐昭賞、TCC賞・TCC新人賞、カンヌゴールド・シルバー・ブロンズ、ADFESTシルバー・ブロンズなど。

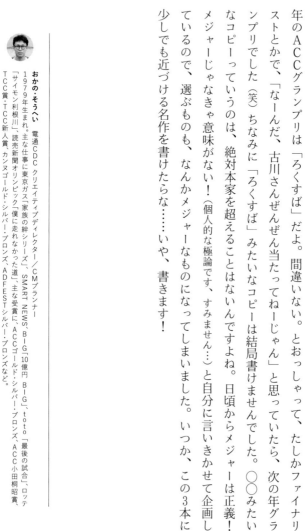

福岡・コピーライター戦国時代に生まれた名作コピー

上野達生

90年代福岡はコピーライター戦国時代。手島裕司さん、大曲康之さん、植原政信さん、門田陽さん、中村聖子さん、岡田賢さんたちの強いコピーが街にあふれていました。B1ポスターがまだパワーを持っていた時代です。当時僕は、いとうせいこう氏の小説教室に通ったり、ジャパニーズヒップホップの新譜を積極的に買っていました。そもそも好きというのもあるのですが、まだ使われていないビビッドな単語もチェックしていました。

その頃出会ったのが「きのう、うんちを踏みました」。眼鏡屋のキャッチコピー。ザラリとした読後感、腑に落ちるスピード。まさか「うんち」と「眼鏡屋」に相関関係があったとは…(僕の)強いコピーの概念ができた瞬間かもしれません。毎年手帳に書いて持ち歩いていた大切な一本です。

「恋人はしょせん素人です」。最初の師匠手島さん作です。「おいしい生活」という名作があるので「おいしい」という単語を使えないように、この「しょせん」も使えない。いわば永久欠番的単語。ザラリ感、スピード感が飛び抜けています。これで「しょせん」は、このキャッチ

きのう、うんちを踏みました。

不明(1994〜6年くらい)○C／不明

恋人はしょせん素人です。

ヘルス東京(1999年)○C／手島裕司

「ぷぅ〜」
「いい屁や」

マイルームガイド(住宅情報誌)(1990年代)○C／尾形嘉寿

上野達生

コピーのためだけに存在するものとなってしまった（僕の中では）。

「ぷぅ〜」「いい屁や」。二番目の師匠尾形さん作。時は、先述したコピーライター戦国時代。福岡産テレビＣＭはキャッチコピー中心の構成でした。そんな時代に、突然、映像言語ＣＭがやってきたのです。日本庭園を見つめる着物の女性が美しい屁を一発「ぷぅ〜」。先生らしき老父がつぶやく「いい屁や（部屋）」。（といえばマイルームガイド、と続くＴＶＣＭ）。Ｏ．Ａ．での目立ち方。福岡の匂いがしないすかした感じ（屁にかけているつもりはない）。キャッチコピーでしめてない構成。新しい考え方を知りたいと思いました。で、その翌年くらいに現会社に入社しています。

書いてきて思いましたが、自分を左右した名作は、自分を初心に戻す力があるようです。楽曲も映画もそうですね。悩んでいた頭もフレッシュになりました。ということは、この名作がいまの自分をつくっているのか！　と感動してたら、その対象がうんちや、しょせん素人や、屁か、と。がっかりしました。

うえの・たつお　I&S BBDO
沖縄ファミリーマート、琉球ポーター商品開発、博多織プロジェクト、フンドーキン醤油、PROTO、歴女サミットfuture Itakoプロジェクトなど。広告から商品開発、イベント、店舗企画まで幅広い。

テレビCMや広告コピーが贅沢品だった頃。

木村透

「みじかびの〜」は、1969年の誰もが知ってる大ヒットCM。僕は当時小学四年生。初めてCMのコトバを面白いと意識した経験だったような気がします。意味よりも音で書け、というのは、コピー作法として今でも通用するでしょうが、その最高のサンプルでしょう。ナンセンスなコトバの面白さでありながら、S音の心地よさは万年筆の書き味の見事なシズル表現になっており、「すぎちょびれ」にはきびきびしたインクのイメージ、「はっぱふみふみ」には万年筆によって美しい手紙や韻文が生み出されていく文学的香気のようなものまでうっすらと感じ取れるのが凄いと思います。

「海岸通りの〜」は、1974年の資生堂秋キャンペーンで、僕は当時中学三年生。「その季節の押しの色を主役に」という70年代化粧品広告のスタイルのさきがけで、その後のカネボウ「ギンザ・レッド　ウイウイ」や「セクシャル・バイオレット No.1」「すみれ September Love」など、すべて好きでした。「海岸通りの〜」は、とにかく色の配合だけでコピーにしているところが凄く、「みじかびの〜」と同様、和歌的ともいえる日本独自のコピースタイルでしょう。今

みじかびの
きゃぷりきとれば
すぎちょびれ
すぎかきすらの
はっぱふみふみ

パイロット「パイロット万年筆」(1969年)○セリフ／大橋巨泉

海岸通りのぶどう色。
レンガ通りの白い肌。

資生堂「秋の新色キャンペーン」(1974年)○C／小野田隆雄

小さめの貝ボタンを、洗面所で拾った。
J・プレスの、衿先のボタンだな。

オンワード樫山「J・プレス」(1980年)○C／糸井重里

の時代は全く余裕がなくなってしまい、コピーで和歌を詠む贅沢な機会が失われてしまったのは、さびしい限りです。

１９８３年、今の会社に入ってコピーライターになりたての頃に接した印象深いコピーとして、糸井重里さんのＪ・プレスを挙げておきます。特に雑誌広告シリーズは、キャッチコピー、ボディコピーともども、親切な軽やかさとでも言うべき語り口が素晴らしく、ちゃんと取材をしてそのうえで語りに昇華させている（コピーライターというより、純粋なライターといった）感じも好きです。これに先行するウェルジンのジーンズの雑誌広告シリーズのコピーとあわせて、30年以上たった今でも、語り口に苦しんでいるとき必ず参照するお手本のひとつであり続けています。

きむら・とおる　博報堂クリエイティブデザイン局クリエイティブディレクター。主な仕事に、日産自動車、ハーゲンダッツ、アサヒビール、アサヒ飲料、サンヨー食品、エーザイ、大日本印章など。ＴＣＣ新人賞、ＴＣＣ審査委員長賞、朝日広告賞などを受賞。

コピーなんて興味なかった頃の自分に聞いてみた。

小林麻衣子

自分にとって印象深いコピーを3本。とても難しいお題です。すごいコピー、尊敬するコピーはたくさんありますから！　でもそこで思ったのが、まだ自分がコピーライターではなく、広告の仕事に興味もない頃に好きだったコピーってなんだろう？　ということ。「仕事」というフィルターも何もない、素の自分の心にぐっと刺さり、何かしらの影響を与えた言葉。パッと思い浮かんだのが、この3つでした。

「きれいなおねえさんは、好きですか。」思春期っぽい弟の目線で、きれいな姉を描くストーリー。その目線の初々しさや美しさに、ドキドキしたのを覚えています。当時中学生だった私は、その「きれいなおねえさん」に憧れました。きれいなおねえさんになりたいと、素直に思わされた広告です。

「美しい50歳がふえると、日本は変わると思う。」このコピーの印象は、気持ちが奮い立つ、というイメージです。年齢的にはこの化粧品のターゲットではなかったのですが、なんだかひとりの女性として、勇気をもらえた気がしました。女性にとって歳を重ねることは悪だという

きれいなおねえさんは、
好きですか。

松下電工※現パナソニック(1992年)○C／一倉宏

美しい50歳がふえると、
日本は変わると思う。

資生堂(アクテアハート)(1997年)○C／岩崎俊一

モノより思い出。

日産(セレナ)(1999年)○C／小西利行

小林麻衣子

固定観念を鮮やかにひっくり返して、前向きな価値に変えているこのコピー。大人になった今見ると、より一層心に刺さります。

「モノより思い出。」このコピーに出会ったのは、大学生の終わりから社会人になったばかりの頃だと思います。まだ自由に使えるお金も少なかったあの頃。「贅沢じゃなくてもいいから、その時しかできないモノゴトにはケチらない！」がポリシーだったので、このコピーを見たとき、意見の合う友人を見つけたような嬉しさを感じました。「モノより思い出。」という言葉が、自分が大切にしている部分を、「それでいいんだよ、素敵なことじゃん！」と応援してくれている気がしたのです。印象的なのは、友だちとメキシコへ貧乏旅行をした時、ことあるごとに「モノより思い出だよねー」と話していたこと。普通の子たちの、普通の会話の中で、口にされるコピー。それは今、コピーライターになった私の、大切な原点になっています。

こばやし・まいこ　POOL inc.コピーライター、クリエイティブディレクター。ロート製薬「SUGAO」ネーミング・商品デザイン・CM・デジタルプロモーション／一風堂ブランディング・新業態開発(「1/2PPUDO」等)・プロモーション企画(#Instagramen「メッセージ海苔」キャンペーン等)／ホテル「The Thousand Kyoto」コンセプト・ネーミング・施設コンテンツ開発など、広告領域から都市開発に至る多領域のプロジェクトに参画中。受賞歴にTCC、ACC等。

母と禁煙パイポと私

尾崎敬久

「これはオモシロイわー。何回見てもオモシロイわー」と母が言うんです。禁煙パイポのCMを見て。昭和59年。母、44歳。私、14歳。どちらかと言うと真面目で、バラエティ番組のアッツのおでんをむりやり食べさせる的なお笑いを毛嫌いしていた母が、このCMに関しては、本当に楽しそうに笑うんです。出演者は3人の男性サラリーマン。「わたくしは、この禁煙パイポで（パイポを見せる）、タバコをやめました（小指を立てる）」「わたしも、このパイポで（パイポを見せる）、タバコをやめました」「わたしは、コレで（小指を立てる）、会社をやめました」の後に、「やめたい人の禁煙パイポ〜♪」という非常にシンプルな企画。ぜんぜん爽やかじゃないし、ブラックユーモアなのに、それなのに笑顔の母。何がそんなに面白かったのか、いま考えてもそのツボはわからないままですが、私はコレで（小指を立てる）会社を辞めることがないよう注意を払いながら、日々、表現の仕事に取り組んでいる次第です。

サントリーCANビール。アニメのペンギンたち、松田聖子さんの「SWEET MEMORIES」、所ジョージさんのナレーション。当時、大げさではなく本当に一世を風靡したCMだったと思

尾崎敬久

わたしは、コレで、
会社をやめました。

アルマン（1984年）○C／川出幸彦、高橋達郎、上野正人

サントリーCANビール

サントリー（1983年）○ネーミング／不明

スコーンスコーン
コイケヤスコーン

湖池屋（1989年）○C／佐藤雅彦

います。ビールの広告に、なぜペンギン？　そんな疑問をよそに、クラスでは女子たちがこの文房具（商品化されていたんです）を持ってくる事態に。CMがリアルにトイレタイムだった時代に、これはスゴいことが起きているんだなと思っていました。そしてコピーで言うと、いろんなフレーズがありましたが、僕には「サントリーCANビール」、これがコピーでした。缶をCANにしただけなのに、なぜか特別なものとして感じる。アートディレクションのチカラも大きいですね。今思えば、ブランドとはこういうことなのかというのがわかります。

コイケヤのスコーン。説明いらずの超名作ですが、これなんかもう、会社名と商品名だけでコピーになってしまっている。コピーライターからすれば「そんなのアリかよ」です。なんでしょうかね、この生理的な部分に反応する感じ。「作り手」になった今、きちんと設計した（理屈をクリアした）上で生理に届けるのがいかに難しいことか。永遠のお手本です。

それにしても、子ども時代にタバコや酒の広告に惹かれ、大人になってお菓子の広告に強く反応していた自分。広告は、やっぱりカルチャーなんだなあと、ちょっと嬉しくなりました。

おざき・よしひさ　電通中部支社クリエーティブ・ディレクター、コピーライター。主な仕事に、愛知県「モノスゴ愛知でマッケン」「人権週間」、平安閣「マリエール」、コーミ「コーミソース」他。TCC新人賞、CCN賞、FCC賞、OCC賞、ACC賞、アイチアドアワード、広告電通賞、カンヌライオンズ、アドフェスト等を受賞。

どうやったらいいコピーを書けるようになるのか

勝浦雅彦

「コピーはポエムなのか？」論が噴出し、コピーが細かく分類され、いつの間にかコピーライターも「マス」と「デジタル等マス以外」に分かれた。トレンドは後者であり、前者は「オーソドックス」と揶揄すらされている。

19歳。電通の塾に入ったとき、面接で「君はどんなコピーが好きなの？」と問われ、自然に浮かんだのは仲畑さんの「今日、私は、街で泣いている人を見ました。」だった。商品のことを一切言わずただ街角で女性が泣いている映像。嘘も誇大表現もなく、栄養剤の限界を受け入れ、涙の後の肌荒れや疲れへの癒しを示唆したそのコピーは、大きな物差しになった。

以降、学べば学ぶほどコピーにのめりこんだ。強烈に印象に残ったコピーは、眞木さんの「十歳にして、愛を知った」。一見堅い商品に、子どもの成長過程を織り込んだそのイメージの翻し方は鮮やかだった。言葉で概念を覆す、それがコピーなのだと。

社会人になり営業配属になった僕は、外回りの仕事が終わるとデスクでコピーを書いた。あの頃の自分にとって、コピーは唯一の希望だった。営業から制作への転局を果たすまで奮い立

今日、私は、
街で泣いている人を
見ました。

エーザイ（チョコラBB）（1989年）○C／仲畑貴志

十歳にして愛を知った。

ライオン事務機（ライオンファイル）（1974年）○C／眞木準

希望はいいものだよ。
多分最高のものだ。
いいものは決して滅びない。

映画『ショーシャンクの空に』より（1994年）○原作／スティーブン・キング

たせてくれた言葉は、「希望」をテーマにした映画のコピーだった。

時は流れたが、いまだに誰かに希望を与え、幸福なベクトルを持つコピーを紡ぎだす方法論は霧の中だ。

が、ヒントはある。親友である囲碁棋士の高尾九段は、幼少からの日々を囲碁に全て捧げ「どうやって囲碁のルールを覚えたか記憶にない」のだそうだ。あるいは漫画家の東村アキコ氏の自伝にはこうある。絵を描けるようになるには毎日手を動かし、同じ事を何百回でも繰り返し苦しみ続けるしかない。ある日、何かが降りてくるのではない。想念の海の中から無理やり何か掴んで引きずり降ろすしかない、と。

囲碁や絵を、言葉に置き換えてみたらどうだろう。誰しもが操れるはずの、言葉。言葉の技術者として生きたコピーを引きずり出すには、日々書き続けるしかないのではないか。黙々と、したたかに戦略をもって。「コピー百本」を時代遅れのように語れる人は、多分、天才か愚か者である。

コピーにまつわる議論も、コピーライターを細かく分類し、流行り廃りの中に置く考えも、全ては、我々が生み出す言葉の中にしか答えはないのだから。

かつうら・まさひこ　電通コピーライター・CMプランナー。主な賞歴は、TCC賞、ACCゴールド、クリエイターオブザイヤーメダリスト、アドフェストフィルムグランプリなど。作家や脚本家、俳優などボーダレスにつくり手たちが集まる「つくる人の会(仮)」を主催。

自分では絶対書けない3本

中川英明

自分ではゼッタイ書けない3本を選んでみました。書けないからこそあこがれる名作たちです。飲み屋で、広告業界じゃない人に自分の仕事の話をするとき、これらのコピーの魅力をあたかも自分が書いたかのように熱弁し、「ほら、コピーライターってかっこいいだろ?」と、したり顔で烏龍茶を飲んでいます（下戸なのです）。

1本目のバーバリーは、人が服を買いたくなるときの気持ちを、実にあざやかに捉えていて大好きです。新しい服のソデに腕を通したときの、あの少し誇らしいような高揚感。ボク自身はそもそも去年の服も平気で着るタイプなので、このコピーを見ると余計に「新しい服買わなきゃ」と思います。

2本目のJR九州も同様です。長距離電車に乗っているとき特有の、あの寂しさと不安と興奮が入り混じった不思議な気持ちを、とても的確に捉えているなと。ボクも地方出身者なので、いまだに新幹線に乗るたび一瞬このコピーを思い出します。いや、特にこれといった夢も決意もないんですが。

きょ年の服では、恋もできない。

三陽商会(1996年)○C／眞木準

夢とか、決意とか、
見えないものも乗せている。

九州旅客鉄道(1993年)○C／仲畑貴志

借地、だが、故郷。

旭化成工業(1996年)○C／石川英嗣

3本目の旭化成も素晴らしいですよね。何か特別なことを特別な言葉で言っているわけじゃない。むしろ、すぐそばにあるのに誰も言語化してこなかっただけ、という人生の真実です。コピーライティングは「見つける作業」とよく言われますが、こういうコピーを見ると本当にそう思います。

ボクは働きはじめるまで広告のことをまったく知らなかったので、すべてのコピーは入社後に付け焼刃的な勉強で知りました。過去の年鑑などを読み、感動したものをノートに書き写したりしていました。これらのコピーを見ると、その当時の新鮮な気持ちを思い出します。

コピーライターになったら、こういう「ザ・キャッチコピー」を自分もガンガン書けるようになるんだろうと思っていたのですが、10年以上経っても少しも上達しません。日常で気づいたことなどをちょこちょこメモしているものの、やはり見つけるのにもセンスは必要みたいです。最近気づいた人生の真実は、「お会計のとき、後輩にゴハンをおごるのはいいけど、そいつが『いいすか？』とポイントカードまで出してきたら、何かちょっと腹立つ」です。うん、やっぱり名人のコピーとはずいぶん違いますね。

なかがわ・ひであき　1977年生まれ。2002年電通入社。クリエーティブ・ディレクター／コピーライター／CMプランナー。主な受賞歴に、ACCグランプリ×2、ACCクラフトコピー賞×2、ACCクラフトディレクター賞、ACCゴールド、TCC賞、TCC新人賞、日経「星新一賞」入選ほか。現担当クライアントに、パナソニック、ワコール、第一生命、みずほなど。

「短いは正義」なのです。

藤本宗将

まだ僕が新人だった頃。当時はCMの力がとにかく圧倒的で、コピーもCMのまんなかでどーんとしてる、短くて強い言葉があふれていた気がします。キャッチらしいキャッチ、というんですかね。いつかそういうコピーを書いてやろうと僕も思ったものでした。けれど、実際の自分に与えられた仕事はグラフィックばかり。それもクルマや携帯電話のスペックだらけの長文原稿をひたすら書いていました。そのせいなのかどうなのか、いまもダラダラ長いコピーのほうが得意だったりします。

そんな奴がいざ「短くて強いの」を求められたりすると、これがもうぜんぜん書けないのです。自分の力不足を棚に上げて、短くて強いコピーなんてもう全部掘り尽くされてんじゃないの？　なんて思ったりして。あまりに追い詰められすぎて、使えそうな単語を列挙して組み合わせればコピーができるんじゃなかろうかと思い、ホントにやってみたこともあるくらいです。そうだ＋京都＋行こう↓「そうだ京都、行こう。」とか、東北＋大陸＋から↓「東北大陸から。」とか。理論的には順列組み合わせでできそうな気がしませんか。まあ、実際にうまくいったた

そうだ 京都、行こう。

東海旅客鉄道(1993年)○C／太田恵美

東北大陸から。

東日本旅客鉄道(1996年)○C／岡康道、眞木準

イヒ！

旭化成(1997年)○C／丸山順子

藤本宗将

めしはないんですけど。バカですよねえ。なに考えてたんですかねえ。当然そんな心構えでコピーが上達するはずもなく、僕は長いこと伸び悩むはめになったので、若いみなさんはどうぞマネしないでください。

それから短いコピーで好きだったのは、短いにもほどがある「イヒ!」。かつて旭化成で使われていたコピーです。旭化成の「化」を「イヒ!」にした瞬間、堅苦しい企業イメージがやわらかくなる。まさに発見だと感心したものです。ちなみにイヒ! のシリーズが終わったとき、僕は(こんないいコピーをやめちゃうなんてもったいない!)、と思ったのですが、のちに「きのうまで世界になかったものを。」が生まれるわけですから、まったくの杞憂でした。

こうやって振り返ってみると、やっぱり短いコピーは記憶に残っていますね。短いと覚えやすいし、伝わるのも速い。グラフィックでもデカく入れられる。「短いは正義」なのです。ああ、いつか短くて強いやつ書きたい。と、若い頃と進歩のないことを考えながら、きょうもダラダラとコピーを書いております。

ふじもと・むねゆき 電通 CDC コピーライター。ベルリッツ・ジャパン「ちゃんとした英語を。仕事ですから。」でTCC最高新人賞、本田技研工業「負けるもんか。」でACCグランプリ・ADCグランプリ・TCC賞、日本コカ・コーラ からだすこやか茶W「おいしいものは、脂肪と糖でできている。」でTCC賞など。Twitter: @fujimotors

「ええなぁ、これ！」と机に貼ったコピー

黒田康嗣

重要な新型車の発売コピーが、くうねるあそぶ。ですよ。もう新鮮なんてもんじゃなかった。コピーだけがポンと投げ出されるティザー広告、井上陽水の強烈な登場の後、いよいよ現れる新型車。それが打ち立てようとしていた「新しいかっこよさ」「もっと自由な価値観」が、就職活動中の学生だった僕にもビンビン伝わってきて、広告の仕事に就きたいという気持ちが高まったのを憶えています。人の生き方についての言葉なのに軽やかで、それが商品の価値そのものになっていくのに驚きました。

しかし名作に憧れたり、仰ぎ見たりしているだけで良いコピーが書けるようになるはずもなく、パッとしない下積み時代が続きました。そんな時期に「ええなぁ、これ！」と机に貼った記憶のある、資生堂の企業CMシリーズのコピーです。女性が豊かに歳を重ねてゆくことをテーマに、山本高史さんが書かれていたナレーションは、企画ごとにテイストが違っていて、どれも魅力的でした。庭先にイスを出して、母が息子のフォークギターをいじりながら、こんなやりとりをするわけです。「ゆみちゃんは、おおきくなったらなにになりたいの？　って聞いた

黒田康嗣

くうねるあそぶ。

日産自動車(1988年)○C/糸井重里

N:いろいろ教えてあげたんだから、
そろそろ返してもらっていいわよね。
母:バンド入れてよ。
息子:ムリムリ。

資生堂(1999年)○C/山本高史

服を脱がせると、
死んでしまいました。

ワールド(1986年)○C/仲畑貴志

ら、おばあちゃんはなにになりたいの？　って聞かれた。あしたまでに考えとくね。」と、いうタイプも好きでした。どれも世の中には実在はしないコトバ、フィクションなのだけど、大事なことをリアルに伝えるフィクションが僕は好きです。コピーの力で、シーンを発見する。簡潔な時間を創りだす。コトバを映像に全面的に生かす手法を学んだ作品でした。

「服を脱がせると、死んでしまいました。」ワールドの新作発表のコピーです。見慣れない模様のカミキリムシのビジュアルに、この1行。読んでる間に、意味が加速して、気づいたらグサっと体に刺さってる。形容詞のない世界からきた言葉。「なくては、ならない」の言い換えなどではなく、本当の生き死にの話。とらえどころのない服飾のターゲットを全員撃ち抜いてやろうという殺気さえ感じます。大好きな、何度も会いにいってしまうコピーです。

くろだ・やすし　博報堂第2クリエイティブ局 シニアクリエイティブディレクター、コピーライター。1965年生まれ。主な仕事に三井のリハウス「みんなの声鉛筆」、AGF、トヨタ自動車など。第1回ACC小田桐昭賞、2013年クリエイター・オブ・ザ・イヤー メダリスト、TCC賞、TCC審査委員長賞、TCC新人賞、FCC最高賞、ACC賞ゴールド、JAA web最優秀賞、ADFEST、NY FESTIVAL、アジア・パシフィックなど受賞。

最高のフィクションはすべてを凌駕する

川地哲史

「みんな、ニューヨークへ行きたいか！」東京ドームで繰り広げられる壮大で熱気を帯びたコール&レスポンスに、空の上に引き上げられるような高揚感を覚えた。全身に鳥肌が立ち、別段泣くシーンでもないのに目に熱いものが…。コピーの機能の一つが「この指とまれ」的なものだとしたら、僕自身こんなに飛びついたものは、あとにも先にもこれをおいてないかもしれません。

説明不要かもしれませんが、「アメリカ横断ウルトラクイズ」は一般参加の挑戦者たちが、アメリカ大陸を横断しながらさまざまなクイズの関門に挑戦し、勝ち残りでニューヨークを目指すという壮大な番組。クイズそのものの熱気もさることながら、一緒に旅していた仲間を蹴落として進まなくてはならないという「仕組み」、展開が全く読めない「ドキュメント」、罰ゲームで仕掛けられる「ドッキリ」…と、コンテンツの要素が詰まりまくったこの非日常のお祭りは、僕の中でいまだにすべてが企画のお手本になっています。

「史上最低の遊園地」は中学生のころに出会ったコピー。実家の沿線上にあってよく訪れてい

みんな、ニューヨークへ
行きたいか！

日本テレビ放送網 アメリカ横断ウルトラクイズ（1981年）

史上最低の遊園地

豊島園（1990年）○C／岡田直也

PEPSI-MAN

サントリー（1996年）○C／一倉宏、大貫卓也

たなじみの遊園地が、いきなり誇らしい場所に思えました。エイプリルフールをいいことに、「ただ回るだけ。がっかり新マシーン（フリッパー）」、「乗ったと思ったらすぐ終わり（コークスクリュー）」と自虐的にけなしまくる。広告っていいところをアピールするものだという固定観念を粉々に破壊されてくらくらしました。いいところを伝えるのではなく、エンターテインメントを見せて好きになってもらう。20年以上経った今見ても、なお新しく感じます。

「PEPSI－MAN」はCMの時間にもかかわらずショートムービーを見ている感覚になり、初めて「続篇が見たい！」と思ったテレビCMです。キャラクターが商品そのものなのに、ほとんど毎回大けがを負うペプシマン。へこむペプシ缶。なんてエンターテインメント！　スマホで日常的に浴びる情報量が増え、生活者の「嘘を見抜く能力」が2次曲線的に優れてきている昨今、例えば今年カンヌでも喝采を浴びた#LikeAGirlのようなノンフィクション的手法が効いているように感じますが、やっぱり最高のフィクションはすべてを凌駕するのではないかと改めて思いました。

かわち・てつし　博報堂第1クリエイティブ局クリエイティブディレクター

すごいなと思った3つのコピー

篠原誠

小学校の同級生が6人しかいないド田舎で生まれ育ったため、接する広告媒体はCMしかありませんでした。だから正直、思い出のコピーとなると、もう全くないわけで、あるとしてもサウンドロゴとコマソンぐらいで、ビタミンちくわ♪　とか、ハイリハイリハイリウエハイリホ〜♪とか、説明しても訳がわからない状態。そんな僕は、どうやったらものが売れるかを考えることが大好きで、つまりはマーケティングが大好きで今の会社を選んだのです。だからクリエーティブに配属されるまでコピーというものに特に興味があったわけでもなく、というよりも、僕にコピーを書くことが許されるとも思ってもいなかったんですね。正直、こんな場所で若いコピーライターの方に役立つ話などできる訳もなく、とても申し訳ないです。と長い前置きをしておいて、さてさて、僕はコピーっぽいコピーよりはセリフが好きで、企画することが好きで、そういう意味で、会社に入ってからですが、このコピーとかすごいなと思ったのが、上の三つです。「うまいんだな、これがっ。」は、すごく普通の言葉なのに残るセリフ。もっと言うと、思わず自分も言いたくなるセリフなんです。こういう言葉って、本当に強い。言葉が転が

うまいんだな、これがっ。

サントリー「モルツ」(1993年)○C/一倉宏

リザーブ友の会

サントリー「リザーブ」(1993年)○C/東野みゆき、岡康道、佐々木宏

ノリコさんがパーマをかけた

三菱重工業「フォークリフト」(1994年)○C/松井正徳

るというか、言葉の共感力がすごいんです。次の「リザーブ友の会」は、この言葉を出された瞬間にCMプランナーは「やられた！」と悔しがる言葉です。つまり、この言葉が企画になっているんですね。こういうフレームたりえるコピーは、憧れます。そして最後の「ノリコさんがパーマをかけた」です。これCMのナレーションの一部なんですが、この言葉のおかげで、一気にCMに引き込まれます、そして、商品からすごく遠いコピーなんですが最後にがっつり落とし込んでくるんです。みなさん調べてこのCM見てほしいです。広告を構成するすべての言葉をコピーと呼ぶのなら、コピーというものの可能性はさらに広がっていて、そして進化しうるものなんだと思います。そういう意味では、ベテランが不利で、若手が有利だってこともある。僕は今もコピーの書き方なんてわからないです。今日も必死になって脇汗かきながら考えて考えて書いて書いていています。きっとそれしか方法はないのかなと思っています。そこが一番面白いところだとも思っています。

しのはら・まこと　2018年に電通より独立。クリエーティブディレクター。KDDI au「三太郎シリーズ」、家庭教師のトライ、UQコミュニケーションズ、キリン一番搾りなどを担当し、2015年クリエイターオブザイヤー受賞。CMソング「海の声」など作詞なども手がける。

コピーライターに近道なんて、なかったぜ

葛西洋介

「恋は、遠い日の花火ではない。」オールドのCMが流れていたころ、僕は青森の田舎の高校生でした。飲めもしないウイスキーなのに。自分とは年代の違う男女のストーリーなのに。そのコピーが好きでした。酒が飲めないからこそ、まだ見ぬ大人の世界に憧れたのかもしれません。ウイスキーのかわりにリンゴジュースなどを飲んで悶々としていました。

その後、上京して大学に入ったものの、友達は少なくお金もなく、大学時代は旅行した記憶が一度しかありません。友人たちとの貴重な旅の行き先は京都でした。まさに「そうだ 京都、行こう。」という言葉のような、思いつきの旅行だったような気がします。あの名コピーがなければ、その一度の旅行さえなかったかもしれません。

大学四年になってもまともに就職活動しない僕を見かね、京都にも一緒に行った足立くんが『コピー年鑑』というぶ厚い本を紹介してくれました。短いのに心に刺さる言葉の数々、短い言葉を書けばメシが食える、という勘違い。「そうだコピーライターになろう」と、すぐに宣伝会議のコピーライター養成講座に申し込みました。すでに大学四年の秋になっていました。

恋は、遠い日の花火ではない。

サントリー「オールド」(1994年)○C／小野田隆雄

そうだ 京都、行こう。

東日本旅客鉄道(1993年)○C／太田恵美

近道なんか、なかったぜ。

サントリー「オールド」(1988年)○C／小野田隆雄

葛西洋介

宣伝会議では、あのオールドのコピーを書いた小野田隆雄さんのクラスがあり、迷わずそこに入りました。講義のなかで小野田さんが「恋は、遠い日の花火ではない。」という文字をホワイトボードに書いた瞬間、ゾクッと鳥肌が立ったことを記憶しています。CMのラストに出てくるタイトルの手書き文字と同じものだったから。

数年後、僕はコピーライターになりました。よく仕事をするADの好きなコピーが「近道なんか、なかったぜ。」だったこともあり、僕らはコピー年鑑の巻末名簿から、勝手に小野田さんの事務所に電話をし、会いに行きました。とつぜん自分たちの作品を持って「どうですか？」と聞きに来たアホ二人に、丁寧にアドバイスをくれた小野田さん。CMの自筆タイトルに関しては「あれはね、写植が間に合わなかったんだよね。」とおっしゃっていました。間に合わなくてよかった。その日も、僕とADはたぶん近道をせず寄り道をして何かを飲んで帰ったと思います。

かさい・ようすけ　博報堂　第1クリエイティブ局 コピーライター。広告制作会社、電通Y&Rを経て現職。過去にTCC新人賞、宣伝会議賞（準グランプリ・CM部門賞）、ACC賞、広告電通賞、朝日広告賞など受賞。

「理屈より確かなもの」を見つけたい

渋谷三紀

「このままじゃ、私、可愛いだけだ。」なんて正直なコピーだろう。はじめて見たとき、びっくりしました。朝日新聞のコピーだったので、さらにびっくりしました。安野モヨコが書くセリフのような、リアル。のちに、虎太郎さんの奥さまが実際に口にされたと聞き、なるほどと思いました。机の上だけで書いてちゃダメなんだと。これだけジャンプしながらも、きちんと「新聞を読もう」に落ちている。言い回しは人柄。このコピーと出会って、私はコピーライターになろうと決めました。

「プロの男女は、差別されない。」とらばーゆのコピーは、年鑑を写経しているときに見つけました。女の私は、「女性ならではのコピー」を求められるときがあります。男性には来ないチャンス。よろこべばいいと思う。でも、と思ってしまうのです。ほんとうにいいコピーは、「女性」視点よりもっと深いところで、「人間」を描いてるんじゃないだろうか…とか。もやもやしたときは、このコピーを思い出します。ごちゃごちゃ考えずシンプルに、プロの仕事をすればいいんだと気づかせてくれるから。仕事をしていく上で、お守りのようなコピーです。

このままじゃ、私、
可愛いだけだ。

朝日新聞社　企業広告（2005年）○C／吉岡虎太郎

プロの男女は、差別されない。

リクルート　とらばーゆ（1987年）○C／中村禎

人生と、関係したい。

アップル　企業広告（1994年）○C／岡康道、中村卓司

「人生と、関係したい。」パソコンが家庭に普及しはじめた時代の、アップルのコピー。すべての商品やサービスがめざす、究極のベネフィットが表現されたタグラインだと思います。もうこのコピーが使えないなんて、悔しい。CMの中で妻が夫に向かって言う「知らないわ、私、この5年間あなたのことなんか何も知らないわ。」は、何度聞いても、こころがザワザワします。私がセリフ好きになったのは、岡さんのCMの影響です。

大学時代（文学部です）の友人に、コピーを見せることがあります。彼や彼女はコピーをコピーとして見ません。ただの言葉として見てくる。たまに、ほんとたまーに「いいね」と言ってくれることもありますが、たいていは「…（コメント特になし）」。ここにあげたコピーはどれも、コピーとして機能するのはもちろん、理屈をこえて、なにかをこころに残していきます。言葉は誰でも使える。だからこそ、広告の外に並んだとしても、ちゃんと勝負できる言葉をめざして、書きたい。難しいけど。ときどき苦しいけど。サイコーに面白い仕事です。

しぶや・みき　コピーライター。電通所属。
主な仕事に、早稲田アカデミー「天才はいない。」、同社ブランドムービー「へんな生き物」「走れメロス」「変わるよ」「ぼくの好きなこと」など。TCC新人賞、クリエイターオブザイヤーメダリストなどを受賞。

スティーブ、あんたずるいよ。

曽原剛

1999年にコピーライターとして博報堂に入社した。幸運にも、一年目の仕事で朝日広告賞やTCCの新人賞も獲得できた。「ソハラってやつは、わりとできるらしい」ということだったかもしれない。これまたラッキーにも、当時の花形「宝島チーム」に加わることになった。振り返ってみると、当時の僕は企画というものを理解していなかった（そりゃそうだ）。キャッチフレーズもどきはそれなりに書けたかもしれない。ただ、企画を決定づける考え方、戦略、アイデアを言葉で表現することはまったくできていなかった。前田さんは、そういうことをさらりと1ページにまとめてくる。その言葉を読むと、ビジュアルが浮かんでくる。プレゼンのストーリーが浮かんでくる。世の中の人の反応が想像できる。本当の意味でのコピーライターのスタートは、この仕事に関われたことだったと思う。

オリンピック関連の広告はあまり好きではない。このキャンペーンとP&Gの〝Thank You Mom〟以外は。両者に共通しているのは、主人公が選手ではないこと。僕たちの仕事が、そのブランドや商品の特徴と視点を理解し、より多くの人の人生との関係を作ってあげることだと

国をきれいに

宝島社（2000年）ⒸC／前田知巳

オリンピックがなければ、
平凡な夏でした。

日本民間放送連盟（1996年）ⒸC／小松洋支、岡康道

Think Different

Apple（1997年）

すると、主人公を描くのはたぶん一番遠いやり方なのだと思う。だって僕らは、ほぼ全員、主人公にはなれないのだから。普通の仕事だとできていることも、オリンピックみたいな大きいプロジェクトになると忘れてしまう当たり前がある。

２０１１年10月5日。当時僕はロサンゼルスにあるTBWA\Media Arts Labというエージェンシーで、アップルの広告づくりに携わっていた。その日いつも通りに出社すると、オフィスの雰囲気はまったく違っていた。スティーブ・ジョブズが亡くなってしまったのだ。午前中に行われた全社でのミーティング時に、Think Differentのスティーブ本人がナレーションをしたバージョンをはじめて見た。このコピーの優れた点はさまざまなところで言及されているので、僕から付け加えることはない。ただ一つ僕が感じたのは、これほどまでに、広告コピーの一字一句が心に突き刺さった瞬間はなかったということ。スティーブ、あんたずるいよ。

そはら・ごう　博報堂入社後、ロサンゼルスのTBWA\Media Arts LabでAppleの仕事を手がけ、グローバルクリエイティブチームの主要メンバーとして活躍する。JWT Japanのエグゼクティブクリエイティブディレクターを務めたのち、２０１８年よりDeath of Badを立ち上げ、日本市場のみならずグローバルでのブランディング経験を活かし、本質的なクリエイティブソリューションを常に心がけている。

いいコピーも、すごい先輩も、優しい顔をしているほど、怖い。

田中真輝

電通に入社して、配属された関西支社では、「堀井グループ」の面々が大活躍されていて、入社前から『堀井グループ全仕事』を読んでいた私は、同じフロアで、個性の強すぎるおっさんたちに遭遇するたび、アイドルに出会ったようにドキドキしていました。「生活者側に立つこと」「嘘をつかないこと」を徹底するスタイルは、テレビで見ているときは、ただただ面白く、職場で見ているときは、ただただ恐ろしかった。残念ながら一緒に企画させてもらうことはなかったけれど「売ろうとして嘘をつくことはとても恥ずかしいことだ」という雰囲気に最初に触れられたことは、すごく大事な経験だったと思います。「ダダーン」のCMは、一番強いところで一点突破する強烈なストレートパンチ。テレビCMの一つの極致だと思う。

3年目位のとき、関西支社にタグボートの岡康道さんがいらっしゃったことがありました。しゅっとした（「スマートな」の関西的表現）岡さんに、折角だから何か一つでも質問しようと思って、「どうしたらフルスイングできるようになりますか?」と脇汗びっしょりで尋ねたところ、ニヤリと笑って「そのうちできるようになる」と一言。あ、ニヤリと笑ったというのは脚色か

田中真輝

ダダーン
ボヨヨン
ボヨヨン

ピップ「ダダーン」(1992年)○C／石井達矢

日本じゃ地味でも
サイパンじゃ美人

ダイハツ「ミラパルコ」(1990年)○C／岡康道

食べました！

リクルート「ホットペッパー」(2003年)○C／山崎隆明

もしれません。ミラパルコのＣＭソングは、今でも完璧に歌えます。初めて聞いたとき「そうか日本じゃ地味でもサイパンじゃ美人なのか」と、深く納得した記憶があります。時代の気分をまるごと掬い上げるような、そんな仕事に憧れて、真似して失敗ばかりしていました。

最後は、山崎隆明先輩の有名すぎる一言を。山崎さんも、いつもニコニコして優しい人だけど、やっぱりすごく怖い人。アテレコＣＭシリーズは、一人録音ブースにこもって、１００、２００と朝までテイクを重ねると聞いたことがあります。

いいコピー、すごい先輩は、怖い。向き合ったとき「で、あなたは何をやってるの?」と問われるから。もちろん直接的に問われるわけじゃなくて、コピーも先輩も、ただそこで仕事をしているだけなんですが。いくつになっても、何をやっていても、そういう人や仕事とは逃げずに向き合っていきたい。あと、コピーも先輩も、優しい顔をしてるほど、怖いですね。

たなか・まさき　電通　コピーライター／クリエーティブ・ディレクター。関西マーケティング・クリエーティブ・センター所属。江崎グリコ、クボタ、ダスキン等のコミュニケーションプランニングを中心に、クリエーティブによる企業の本質的課題解決に日々邁進中。

35年も記憶に残るコピーってすごい

林 裕

「いろいろ奪うと、大人ができる」。僕は博報堂に入って前田知巳さんに師事しまして、入社一年目の仕事でTCCの新人賞をいただいたのですが、これはひとえに前田さんが「林に新人賞獲らせる計画」を発動させた結果でした。とにかく出来の悪い新人の僕にひたすら書かせる、それも10週連続で出稿される5段原稿の仕事を作って僕に任せ「俺は書かないからお前が書かないと原稿に穴が空くぞ」という問答無用のOJT。たいへん鍛えられました。で、結果新人賞はいただけましたが、あんなコピーライター冥利に尽きる仕事を僕が書いちゃって良かったのか、とも思っていたのです。そしたら、その横で前田さんはサラッと審査委員長賞を獲ってたんです、このコピーで。新人なんぞに心配されるまでもなく。

「A・B・C・Dのうちで、あなたに当てはまる部分をお読みください」。糸井さんが手がけた、ペリエ日本上陸時の広告です。85年のTCC年鑑に載っているので84年の原稿でしょうが、ここ最近の仕事で特にお手本として機能しています。A「ペリエを、まったく知らない方」、B「ペリエのことを少し知っている方」、C「ペリエのことをよく知っている方」、D「いますぐペ

いろいろ奪うと、
大人ができる。

東芝EMI THE TIMERS「復活!!タイマーズ」(1995年)○C／前田知巳

A・B・C・Dのうちで、
あなたに当てはまる部分を
お読みください。

サントリー「ペリエ」(1984年)○C／糸井重里

鵼の鳴く夜は恐ろしい…。

角川映画『悪霊島』(1981年)

リエが飲みたい方」という四つのボディコピーが原稿の四隅に配置されていて、ご自身のリテラシーに合わせて読んでねということなのですが、この文章が軽妙洒脱でAからDまで読んでしまうのですよね。で、素人がペリエ通になれてしまう。かなり広告精度の高いコンテンツマーケティングだと思います。

「鶉の鳴く夜は恐ろしい…。」81年に公開された角川映画『悪霊島』のコピーです。広告利用されることのほとんどないビートルズの楽曲、しかもそれを横溝正史のホラーに当てるという、制作者の凄まじい嗅覚を感じるCMでした。「海街diary」のコピーを書く際に、GAGAさんから「映画の設定をコピー化すると客入りが良い傾向がある」というお話がありまして、それが「家族を捨てた父が、のこしてくれた家族。」というコピーに繋がるわけですが、ただの設定説明にしてもいけないし、興行収益の目標も高いので難解な言い回しはNG、含みを持たせれば速度に劣る、じゃあどうすれば、と悩む中で、お手本として何度も頭に巡ったコピーです。35年も記憶に残るって凄いですよね。

はやし・ゆたか　Club Soda Inc. クリエイティブ・ディレクター／コピーライター。主な仕事に、田辺製薬アスパラドリンク「一本いっとく?」、NTT東日本「エヌ山くんとティティ川くん」、SIREN:NT「羽生蛇村を求めて」、AKB48「前田敦子とは何だったのか?」、サッポロビール箱根駅伝「抜いてみろ。抜けるものなら」、海街diary「家族を捨てた父が、のこしてくれた家族」など。

コピーですべてを変えられる

並河進

超能力を見たことがある人と見たことがない人だったら、見たことがある人のほうが、超能力を使えるようになる確率が高いに違いない。

僕は見たんですよね。新人の頃に。メルセデス・ベンツの仕事をしたとき、先輩の角田誠さんが、「もういちど、自動車を発明します。」というコピーを、目の前で書いたのです。衝撃が走りました。会議室の空気ががらりと変わって、これでいこう、というムードになって。ああ、コピーで、すべてを変えられるんだと知ったんです。

一つ目に選んだコピーは、その角田誠さんの「人は誰でもミスをする。」だからこそ、自動車は安全性を高めるんだ、というメッセージです。

僕が新入社員だった20年前、周りの先輩たちは、コピーで、時代に何をメッセージするか、という話ばかりしていました。でも、企業側は、そんなことは求めていないときもあって。広告制作者が、広告に、無理矢理、社会に対しての素敵なメッセージを混ぜ込もうとするのは、ちょっと無茶なんじゃないか、と、賞も獲れない僕はひねくれて、そう思うようになったわけ

人は誰でもミスをする。

メルセデス・ベンツ日本（1995年）○C／角田誠

モーレツからビューティフルへ

富士ゼロックス（1970年）○C／藤岡和賀夫

WAR IS OVER.

反戦メッセージ（1971年）○C／ジョン・レノン&オノ・ヨーコ

です。自分が、企業の社会的なプロジェクトをつくるようになったのも、そんなモヤモヤからなんですよね。「コピーで、社会にメッセージをおくるべし！」という先輩からの強烈な教えがあったからこそ、「広告のオリエンが来てからじゃ無理じゃないか。企業の人と話しあって、もっと源流からつくらないと！」と考えるようになったんだと思います。

コピーライターなら、多かれ、少なかれ、誰でも心にありますよね。社会に大きなメッセージを発信したい気持ちが。一体いつから、コピーライターは、そんなだいそれた企みをするようになったのだろう。遡れば、ルーツの一つは、富士ゼロックスの「モーレツからビューティフルへ」だと思います。僕が生まれる三年前の1970年の広告。TCC年鑑を時系列で追うと、このコピーは、やっぱりエポックメイキング。大量生産大量消費から、美しい生き方へのシフトの宣言です。

一年後、1971年には、ジョン・レノンとオノ・ヨーコが、ベトナム戦争のまっただ中、「WAR IS OVER.」のビルボードを掲げました。こちらはアメリカのルーツ。

これらのコピーがあったから、かたちを変えて、今のソーシャルデザインが、今の自分がいるのだと思います。

なみかわ・すすむ　電通 新！ソーシャルデザインエンジン代表　クリエーティブディレクター／コピーライター。主な仕事に、「nepia 千のトイレプロジェクト」、「ハッピーバースデイ3・11」、「Yahoo! JAPAN Search for 3.11」など。著書に『Communication Shift「モノを売る」から「社会をよくする」コミュニケーションへ』（羽鳥書店）他。社会課題の伝え方を学べるソーシャルコピー講座を不定期で開催している。

言葉とは約束だ、と思います

下東史明

コピーは広告という経済活動で使用される言葉。だと考えれば、コピーの目指す究極は「そのコピーが市場までつくる」ことではなかろうか、とふと気づいたのは5年前くらいに月島のマクドナルドの前を通ったとき。「朝マック」という国民誰もが知っているコピーを見たときです。

作者不明ですが、この言葉を作った誰かは明らかに巨大な市場を1つ生み出した。重要なのは、「朝、マックを食べよう」ではない、ということ。「朝マック」というコンパクトな一単語にまとめた、という点です。「朝、マックを食べよう」でも成功したでしょうが、「朝マック」の一単語の破壊力はなかったはず。「朝マックする」「朝マックしない?」「今朝は朝マックしてきた」と一貫して色々な人が各自の生活文脈の中で同じ一つの言葉として使える点が見事。同じ言葉をみんなが大衆的に使うことの価値はものすごい。人間は1日3度しか物を食べません(夜食入れて4度)。そのうち2回にしかなかった市場を3回にした。単純に市場機会を1・5倍にした、と言える。

そんな意識で街を歩くとまだまだ見つかりました。

朝マック

マクドナルド(1985年)

はじめてのアコム

アコム(2000年)

無印良品

良品計画(1980年)〇C／日暮真三

下東史明

「はじめてのアコム」初心者という市場をまさにコピーで作った。初回利用の敷居の高さを下げ、コピーも歌い込みにして気軽感を演出するなど、明快に徹底しています。

最後にこれこそ究極と思ったのが有楽町「無印良品」を訪れた際です。ネーミングかつコピーである点はもちろん、このコピーがなければ企業さえ存在しなかったと言える。１９８０年というブランド全盛の時代に、あえてブランドを否定し、付加価値にかけるコストをすべて品質に回したことを当時から宣言し大成功。今も続く逆説的な「品質宣言＝お金のかけどころを品質に集中」という潔さは、「無印良品」というコピーがあって初めて世の中に共有されたと思います。このコピーがなかったら企業・製品の存在理由は決して伝わらなかったであろう、という最高例です。

こう考えると改めて言葉とは約束だ、と思います。言葉がなければ商品も企業も、何も約束できない。消費者にとって何もベネフィットを提供できない。つまり市場を持たない。１行のコピーの持つ力強さを教えてくれる３つのコピーです。

しもひがし・ふみあき　博報堂　コピーライター。１９８１年生。主な仕事に、ＭＩＮＴＩＡ「俺は持ってる」、イエローハット、カルピスウォーター、グミサプリ、PloomTECH、１本満足バー、ＬＩＮＥマンガ、アクオスＲ、24/7Workoutなど。著書に『あたまの地図帳』。ＴＣＣ審査委員長賞・新人賞・ファイナリスト、ヤングカンヌ日本代表など受賞多数。

買うこと自体がなんだかちょっと嬉しくなるコピー

野﨑賢一

プール教室が大っ嫌いでした。帰りに、その商業施設の下の階の本屋さんに寄るのが楽しみだった僕が、文庫本の帯に書いてあった「想像力と数百円」と出会ったのは小学生のとき。確か、塾の国語のテスト問題になっていた三浦綾子さんの「泥流地帯」の続きが読みたくて買った新潮文庫でした。なんて素敵な買い物なんだ！ と思い、以来、文庫本を買う自分に酔って、「想像力と数百円。」と心の中でつぶやきながら、月数百円のお小遣いでせっせと買っていました。この言葉がコピーだと知ったのは、入社後。コピーの勉強を全くしてないくせに、コピーライターを目指そうと思った頃。僕にとってずっと覚えていた言葉は、はじめて効いたコピーでした。

いや、覚えている広告でいえば、「ねるねるねるね」のCMの「♪テーレッテレー」というSEなんて、ドッジボールで外野から当てて内野に戻れるときの効果音として連呼してたし、ある日父親と二人で公園に行ったときなぜか突然「♪ホンダホンダホンダホンダ」と言いながらあの動きを真似しはじめたのが強烈で妙に覚えていたり、色々あります。何年も覚えている広

野崎賢一

想像力と数百円

新潮社「新潮文庫の100冊」(1984年)○C/糸井重里

この家で死んでいく。

大日本除虫菊(1998年)○C/林尚司

本気ならアシックス

アシックス

Kenichi Nozaki

告というだけですごいなと思いますが、「それを買うこと自体がなんだかちょっと嬉しくなる」広告やコピーにあこがれます。

キンチョーのゴキブリキャッチャーのCMの「この家で死んでいく。」は、家のゴキブリをこの商品でせっせと殺しつつ、自分もいずれその家で死んで行く定めに気付かされながら買う感じが好きでした。

あと、長く使われている「本気ならアシックス」も好きです。たいして速くない陸上部員でしたが、自分なりに本気で、なけなしの小遣いで靴などを買うとき、ちょっと誇らしげだったのを覚えています。どなたが書かれたコピーなのでしょうか。

今年、小学一年生になった長男は、小遣いをもらえるようになったことがよほどうれしいらしく、クッキーが入っていた缶に大切にしまった数百円をときどき眺めています。先日、母の日にケーキを買いに行ったとき「お小遣いで買ってあげたら?」と言うと、一瞬悲しそうな顔をしたあと、はじめての百円を払ってました。

なかなか書くのが難しそうです。

のざき・けんいち　電通 クリエーティブディレクター／CMプランナー。1980年京都生まれ。2004年入社。営業職、マーケティング職を経て2009年より第3CRプランニング局。

コピーには人柄があらわれる

蛭田瑞穂

虎に柄があるように、人にも人柄がある。そして、人がつくる以上、コピーには人柄があらわれると思っています。

ザ・カクテルバーという商品のコピーがどうして「愛だろ、愛っ。」になるのか。原料に愛が入っているから？　いやいや、そんなわけない。ターゲットの若者像や時代背景の中になにかのヒントがあるのかもしれませんが、それでも最後は佐倉さんが「愛だろ、愛っ。」と思ったから、としか説明ができないと思います。答えは作者の頭の中にしかない。昔、デスクの上に無造作に置かれた佐倉さんのメモをちらりと見たことがあるんですけど、コピーになる前の言葉の萌芽が無数に殴り書きされていました。佐倉さんの頭の中で繰り広げられた、言葉との壮絶な格闘の跡を見た気がしましたね。

安藤さんに「コピーってなんですか？」と聞いたことがあります。「コピーとは壊すこと」と安藤さんは言いました。ウーロン茶の場合、ビジュアルが必ず美しい方向にいく。だからコピーで壊すのだと。ウーロン茶に限らず他の仕事でも、さらに言うと安藤さん自身がそういう人な

愛だろ、愛っ。

サントリー ザ・カクテルバー(1994年)○C ／佐倉康彦

一、二

サントリー ウーロン茶(2004年)○C ／安藤隆

あのウイスキーは
サントリー角瓶だった。

サントリー 角瓶(1990年)○C ／中山佐知子

んですよね。ふつうのことは絶対に書かない。順目と逆目なら逆目を選ぶ。そんな安藤さんの人柄がよく表れているのが「一、二」というコピーだと思います。雪に覆われる大地、氷上を滑る男女。その光景にたったこれだけ。この簡単さ。でも、語らないが故に想像の余白が残ります。そういえば以前、新宿の飲み屋で「〝世界で初めて俺が言う〟というコピーを書く」と言っていたのを思い出しました。この言葉もまた安藤さんの人柄をよく表していると思います。

初めて中山佐知子さんのラジオCM原稿を見た時、広告にもこんなにかっこいい文体があるのかと驚きました。サントリー角瓶のラジオCMは戦艦大和の沖縄特攻をノンフィクションで描いたものです。そういう意味では誰にでも書けるとも言えますが、やっぱりそんなことはない。すべての言葉の選び方が完璧で間違いなく中山さんならではの文体です。「その朝、ウイスキーと煙草が配られた。」から始まって「あのウイスキーはサントリー角瓶だった。」で終わる。最後の一行だけで角瓶の広告として成立させる構成もほんとうにかっこいいと思います。

ひるた・みずほ　コピーライター／クリエイティブディレクター。1971年5月2日逗子生まれ。1994年早稲田大学卒業。1995年株式会社サン・アド入社。2007年株式会社電通に移籍。2017年ライティングスタイル設立。これまでの主な仕事にサントリー、村田製作所、キリン淡麗グリーンラベル、日本郵便「年賀状」キャンペーン、トヨタ「カローラ」、日本コカ・コーラ「ジョージアヨーロピアン」、東京ミッドタウンブランディング、相鉄グループブランディング、ミサワホームブランディング、三菱電機「東京2020」キャンペーンなど。主な受賞にTCC新人賞、OCCグランプリ、朝日広告賞、日経広告賞、消費者のためになった広告コンクール最優秀賞、ギャラクシー賞グランプリなど。共著に「テーマで学ぶ広告コピー事典」。

コピーは、いじらしい。

神戸海知代

触ってごらん、ウールだよ。当時田舎の小学校に通っていたわたしは、この広告にバイラルのすごさを教わりました。男子も女子も互いを気にしているのに、素直になれなかったあのころ。触ってごらん、ウールだよ。は、そんなわたしたちを解放してくれる、魔法の言葉でした。目をつぶってこのコピーを唱えるだけで、すきなコに触ることができる。あのコも笑顔で歓迎してくれる。なんてすばらしい呪文だろう。男子も女子も、タガが外れたように触りあっていました。ウールを確かめたいのか、体温を確かめたいのか、わからないほど。それくらい熱狂していましたね。あのときの指先の震えを、いまも鮮明におぼえています。もちろん、みんなが触ってほしくてウールを着たことは、いうまでもありません。

人間のいじらしさをいつも大事にしていたい、と思います。いじらしさとは、自分ではない誰かをずっと想いつづける気もち。あのコに触りたくて、目をつぶって呪文を唱える子どもたちも。デートの朝、眉毛がうまく描けなくていらいらしている女性も。同窓会を間近に控えて、生え際の後退をどう隠すか悩む男性も。ひたすらがんばっている姿が、かわいくて、かわいそ

触ってごらん、ウールだよ。

ザ・ウールマーク・カンパニー(旧:国際羊毛事務局)(1982年)○C/西村佳也

彼のポロシャツを、
きれいにたたんで
あげてください。

ラコステ ジャパン(旧:大沢商会)(1993年)○C/広瀬正明

まずい、もう一杯。

キューサイの青汁(1990年)○C/八名信夫

うで、たまらなく人間らしい。いじらしさを失ったら、人工知能と同じ。いや、人工知能も進化しているから、備えているかもしれませんね。わたしの師匠は、コピーを書きつづけるなかで、いじらしさの数々を教えてくれました。彼のポロシャツを、きれいにたたんであげてください。は、家事を愛情表現へ見事に昇華してしまいました。

ありのままを伝えることが、むずかしい世の中になってきたなあ、と感じています。正しいか、正しくないか。いつもどこかで監視をされている気分。情報が先行してヒトもモノも関係が希薄になってきた。ほんとうに、そうでしょうか。だったら、さびしいなあ。打算で動く若い人を見かけると、もっとさびしい気分になります。こんなとき、あの広告を思いだすのです。まずい、もう一杯。言葉を覚えたばかりの子どものように無垢ですよね。究極のツンデレですよね。このひと言、実際に撮影の現場で青汁をのんだ八名さんのアドリブなんですって。いまは薬事法や厚生労働省の指導で、個人の感想です、と注釈を添えているそうです。

かんべ・みちよ　大広、広瀬広告事務所、アサツー ディ・ケイを経て、かんべ笑会を設立。ＴＣＣ新人賞、日本雑誌広告賞、日経広告賞、消費者のためになった広告コンクール、ロンドン国際広告賞などを受賞。２０１４年クリスマス・イブに男児を出産、２０１５年秋より福岡で生活を開始。http://canbe-shokai.com

コピーライター自身の可能性をひろげる拡張力

板東英樹

「このバカまじめ!…ゆうパック」姉弟ゲンカしていた4歳の息子が突然、捨て台詞を吐くように言ったんです（その瞬間、家族でズッコケ笑ってしまったのは言うまでもありません）。自分のコピー原体験も、やっぱりテレビCMだったなぁと。「私はコレで会社をやめました」「まずい！もう一杯」「もっとはじっこ歩きなさいよ」「Kanebo For Beautiful Human Life」とか、意味もなく学校で言いまくってましたね。あ、例外がひとつ。「一緒なら、きっと、うまく行くさ。」実家近くの西友で見たポスターなんですけど、太陽と月の擬人化されたイラストの独特の世界観といい、妙に気になったのを憶えてます。このコピー、最近また復活しましたよね。クライアントと制作者の強固な信頼関係に、ただただ畏敬の念を覚えます。

大学院のとき、某メーカーの半導体工場で化学防護服を着た瞬間、暑いというより息苦しいと感じて（笑）研究者として働いていけるのかよ俺…？　なんとなく将来に疑問と不安を覚え、業界研究本を片っ端から読み始めた。で、広告クリエイティブに興味を持っちゃいました。「おじいちゃんにも、セックスを。」この新聞広告を見たときの衝撃は今でも覚えてます。こんなこ

一緒なら、
きっと、
うまく行くさ。

セゾンカード（1983年）○C／仲畑貴志

おじいちゃんにも、
セックスを。

宝島社（1998年）○C／前田知己

ほぼ日

ほぼ日刊イトイ新聞（1998年）○C／糸井重里

と広告で言うてエエんや？　という驚き以上に、受け手の感性を信じてぶつかってくる潔さというか、覚悟というか。今見てもカッコいい。研究者という未来から大きく方向転換したものの、就活が全然うまく行かなかった日々。あの頃、絶対コピーライターになってやる！　そう奮い立たさせてくれた、僕にとっての恩人的なコピーです。

「ほぼ日」言わずもがな、ほぼ日刊イトイ新聞の略称です。僕にとっては、コピーの可能性というより、コピーライターの可能性を示してくれた存在として名作なんですね。デジタル社会になり、異業種競合だの、逆に融合だの、今っていろいろ過渡期です。ローカルで働いていても、クライアントとの関わり方、仕事領域の拡がりなど年々変化を感じます。機動戦士ガンダムのニュータイプじゃないけど、コピーライター自身の可能性をひろげる拡張力みたいなものが求められていると感じる今日この頃です。なーんて書きながら、相変わらず目の前の仕事にヒーヒー言ってる毎日なのですが（笑）。

ばんどう・ひでき　読売広告社、中野直樹広告事務所を経て、電通西日本松山支社。クリエーティブディレクター／コピーライター。主な受賞は、Spikes Asia ブロンズ、ACCゴールド、TCC審査委員長賞、OCC賞グランプリ、広告電通賞優秀賞、ギャラクシー賞奨励賞など。

世の中を動かした言葉

橋口幸生

新入社員のころ、海外の名作広告を勉強していた時に、一枚のポスターに出会いました。ポストイットの広告なのですが、ガンジーの写真にポストイットが貼られ、ただひとこと「Don't forget.」というコピーが添えられています（マザー・テレサや、広島の原子雲をモチーフにしたシリーズもあります）。広告でこんなことができるのか、こんな風に人を感動させられるのかと、大いに興奮したのを今でもよく覚えています。天野祐吉さんは「もともとすぐれた広告は、商品への批評を含んでいる」と言っていました。このコピーは良い例だと思います。商品の本質を端的に表現し、見た人に気づきを与えている。インドのコピーライターのコピーだけど、国境も文化も超えた普遍性を持っている。僕が目標にしているコピーのひとつです。

同じようにかつて衝撃を受け、最近ふたたび驚きを新たにしたのがＶＯＬＶＯのコピーです。あらゆる表現と同様に、コピーも時代の申し子です。過去の名作が現代でヒットするとは限りません。しかしＶＯＬＶＯのコピーは、いま世に出たとしても、ＳＮＳで拡散するのではないでしょうか。「いいことを言おうとしないで、本当に感じることを言う」というのは、磯島拓矢

Don't forget.

3M（2001年）Vidhur Vohra

私たちの製品は、
公害と、騒音と、
廃棄物を生みだしています。

ボルボ・カーズ・ジャパン（1990年）○C／廣澤廉優

日出處天子

遣隋使（607年）

さんの言葉です。HONDAの「負けるもんか。」やリクルートの「人生はマラソンじゃない。」など、SNSでヒットするコピーは、本当のことをズバリと言うものが多いと思います。VOLVOは20年以上、時代を先取りしていました。

いいコピーを書くには、過去の名作を知ることは欠かせません。加えて最近の僕個人のテーマは、コピー以外でも、世の中を動かした言葉について考えることです。たとえば日本最古かつ最大のコピーは、聖徳太子の「日出處天子（ひいずるところのてんし）」ではないかと思っています。当時の超大国・隋を、日本の方が東にあるというだけで同格に扱ってしまう。これほど大胆な「ものは言いよう」は、後にも先にもありません。極端なことを言えば、このコピーが無ければ、日本が先進国になることすら無かったかもしれません。僕もいちコピーライターとして、世の中を大きく変えるコピーを書けるように、挑戦していきたいと思います。

はしぐち・ゆきお　電通所属。最近の代表作は「なぜ日本のテレビは、スカパー！入りなのか？」、「G・U・M PLAY」、「こんな男は絶対モテるbyはあちゅう」など。TCC新人賞、ACC賞、ギャラクシー賞、コードアワード、グッドデザイン賞、スパイクスアジアなど受賞多数。著書に「ブラック上司のやっつけ方」など。趣味は映画鑑賞&格闘技観戦。

一行でドラマは描ける

角田誠

柳島さんは入社してすぐの師匠で、弟子の駄作を眺めてはため息ばかりついていた。と言って手ほどきをしてくれることもなく、やがて自らシャープペンを握り、原稿用紙の何故か裏面に、それは薄く、小さな文字を置く。目を細めるとそこに珠玉のフレーズが佇んでいた。「北へ海へ道へ」は、その頃より少し前の傑作。柳島さんの上司で、その後女性だけのクリエーティブエージェンシーを設立する脇田直枝さんが、柳島さんのデスクの抽斗の中で発見した。柳島さんのデスクは本が山積みで、黒電話も埋まっていて鳴っても取れないほど。抽斗の中でコピーを書く柳島さんの後ろをたまたま通りかかった脇田さんが、これは！ と取り上げたらしい。〈メッセージは商品の中にある。〉コピーの本質を示してくれた師匠と、気配を感じ、目を細めた脇田さんに感謝したい。

石川君は中高同期で、入社も同時。私より先に柳島さんに付き、早々にヒットメーカーになった。彼のコピーには師匠はため息をつかない。悶々と過ごしていたある日、石川君の前で白い歯を見せる柳島さんを目撃する。私は立っているのもやっとだった。「3階の娘の部屋は、」

北へ海へ道へ

日本航空(1981年)○C／柳島康治

3階の娘の部屋は、
会社より遠い。

旭化成ヘーベルハウス(2001年)○C／石川英嗣

To History, nothing.
To Epoca, everything.

Epoca(2002年)○C／ALEXANDRE MACHADO

が掲載された朝は忘れない。食卓で新聞を広げた途端、ＡＤ滝田稔さんの手で組まれた文字がたちまち滲んだ。〈一行でドラマは描ける。〉コピー表現の可能性に気づかせてくれた同期の才能に素直に頭を下げる。本人の前では絶対にしないけれど。

ALEXANDREさんは、その後、映画やＴＶのシナリオを書いているらしい。Epoca はブラジルの週刊誌。ＣＭは1週間という時間の正体を180秒かけて解き明かす。囚人にとっては7日間の刑期短縮、金持ちにとっては7回のディナーだが、貧しい人には7回の飢えだ、という具合に。モノクロームのスチール構成にスクラッチのタイポグラフィー、そして音楽までがコピーに従っていた。2002年、マイアミのクリオ賞の会場でBEST OF SHOW のこのフィルムが流れた時、私は誓った。映像を支配できる言葉をいつか書こうと。〈コピーは事実を切り取ればいい。ただし、切れ味最高のナイフで。〉ALEXANDREさん、OBRIGADO!　まだ書けませんが。

つのだ・まこと　電通を経て、2016年10月、角田誠事務所設立。「人は誰でもミスをする。」「私のいのちの水。」「あなたが会いたい人も、きっと、あなたに会いたい。」「距離に試されて、ふたりは強くなる。」「美しい国のメルセデス。」「もう一度、自動車を発明します。」などのコピー、他にエッセイ、作詞なども。

広告コピーにおける普遍性とは？

坂本和加

広告コピーって、ふしぎ。コピーライターとして走り始めた20代半ば。ちまたにあふれる教科書をめくるたび、そう感じたのをとてもよく覚えています。広告コピーは消費されゆくことばのはずなのに、そうじゃないものがある。何十年も前に書かれたコピーに、ざわざわする。いいなあと、しみじみする。いつの時代でも、誰が目にしても同じようにそう感じさせる、文学でいうなら古典のようなものが、広告のコピーにあった。広告コピーの宿命ともいえる刹那とは対照的な普遍性がそこにあると知って、びっくりしたんだと思います。なにが「よくて」なにが「よくない」のか、そのモノサシをつくる過程で出会ったことばたちは、どれもすごく本質的だった。

仲畑貴志さんのコピーにもその手本はたくさんありますが、ひとつめは当時よく眺めていた『仲畑広告大仕事』から（現在絶版）。仲畑さんのコピーはどれも平易な言葉で、わかりやすくガツン！　みたいなコピーばかりで。そこからひとつは決めがたいのですが、当時ライバルも先輩もなくコピーの書き方すらわからず、悶々としていた自身の視野がパカンとひらけた感じが

害虫と決めたのは人間。
益虫と決めたのも人間。
勝手なんだから。

名和昆虫博物館（1999年）○C／仲畑貴志

まつ毛の 先が あつくなる

ホットカルピス（1982年）○C／土屋耕一

「icocca ua」

ユナイテッドアローズ（1998年）○C／一倉宏

したコピー。そもそも私が、詩人である工藤直子さん（ご存じない方はぜひググってください）の世界観を好む、というのもあるのですが。

ふたつ目。エレガントな、土屋耕一さんのコピーから。今も大好きなコピーです。いつ見ても、ため息が出る。いいコピーの大事なモノサシに、「ほんとうかどうか」がありますが、そのいっさいが野暮であると断言するようなつよさを感じます。粋（すい）でかっこいい。一点の曇りなき完成品みたい。なので、これは商業詩（ということばがあるかはわかりませんが）であり、土屋さんは商業詩人だっんじゃないかと常々思っています。お会いしてみたかったです。

三つ目。「新しいかどうか」というモノサシも、コピーライティングには欠かせません。このコピーには、発見といえる部類の新しさ、アイデアがある。師匠はかつて、「日本語だけどイタリア語っぽい字面とか、音とか、いいでしょう」と楽しげでした。そのオシャレさ、チャーミングさを、アローズのカタログのコピーで。「…Bravo! Unto inda mônna!」とコピーはつづいたのでありました。TCC部門賞。うんと、ズルいんだ、もんな！

さかもと・わか　コピーライター、コトリ社。代表作に「カラダに、ピース。カルピス」「行くぜ、東北。JR東日本」など。ネーミングに「WAON（イオン）」「GOCOCi（ワコール）」など。コピーライターの技術を伝える企業向けのワークショップなども行っている。一倉広告制作所を経て独立。TCC会員。

人を幸せにするコピーの力

森田一成

「コピーライター」という仕事を知ったのは、10歳ぐらいのときでした。

父親の大好きなCMがあって。「これ、おもしゃいぞー」とビデオに録画されていたCMを何度も何度も繰り返し見せられました。「ジャック・ハズ・ア・バット・アンド・ツー・ボールズ！」エスエスケイさんの野球用品のCMでした。当時の僕にはどんな意味があるのかまったくわかりませんでしたが、出演者が楽しそうに野球をしていたのと、父親がニヤニヤしていたの、そして母親がこのCMを大嫌いだったことを覚えています。で、僕が父に投げかけた質問「CMって、誰が作ってんの?」の答えが「コピーライター」でした。その時に、なんとな～くこの職業に対して憧れを抱いたのを覚えています。ただそれは単なる憧れで、なにか行動に移すわけでもなかったし、自分がそんな仕事に就けるわけもないとも思っていました。その後も一視聴者として、金鳥さんやケンミンさんの新作CMを楽しみにしている普通の関西に住む少年でした。

公務員になるつもりで進学した京都での大学時代。バイト先である人に出会ってしまい、そ

ジャック・ハズ・ア・バット・
アンド・ツー・ボールズ！

エスエスケイ（1990年）○C／中治信博

ムンムン　ムレムレ
ワキの下～♪

大日本除虫菊（1996年）○C／林尚司

偉いねえ。

朝日新聞（2002年）○C／澤本嘉光

の人の影響でなんとな〜く憧れていた「コピーライター」を本気で目指してしまうことになります。しかし、ごく普通の大学生だった僕が広告会社や制作会社を受けても、なかなか就職が決まらず。同じように広告業界を目指していた人たちが、次々と内定をもらいキラキラと働いてる姿を横目で見ながら2年ほど就職活動をしていました。一か八か姉にお金を借りて通ったコピーライター養成講座でも、前ノメリでキラキラしている広告女子&男子たちとの間に温度差を感じてしまい全然馴染めず、欠席がちに。なかなかのコネで受けた会社すら落ちてしまう現実もあり、「これはもうほんまにアカンやつやな…」と諦めかけた頃、目にしたのが朝日新聞のCMでした。勝手に諦めるなのメッセージだと解釈し（笑）、「歩みはのろくても一歩ずつ一つずつ頑張ろう」と、涙目で誓ったあの日を昨日のことのように思い出します。

何の前触れもなく目にした耳にしたCMが印象に残り、背中を押されたり勇気が湧いたり。コピーは、人をハッピーにすることができるとても素敵な仕事。だから楽しい。しんどいけど。そういうCMが世の中にもっともっともっと増えるように、もっともっと頑張ろうと思います。

もりた・かずなり　ビッグフェイス コピーライター・ディレクター。
1980年2月15日生まれ。主な賞歴：ACCゴールド／TCC新人賞／ACCクラフトディレクター賞／ACCシルバー／ACCブロンズ／Made in Osaka CM award最優秀賞／OCC新人賞／民放連賞 最優秀賞など。

体温を授けるコピー

米田恵子

一度、ふられてらっしゃい。

生まれて初めて見た「広告」でした。たしか、母に手を引かれてお米屋さんに行ったとき。半裸の女優が冷たい目でまっすぐこちらを見据えているポスター。こわくて釘付けでした。当時まだ字が読めなかったのですが、20年以上たって、岩崎事務所で再会したとき。コピーを知って、女優の身体から、吐息を感じたのを覚えています。言葉は、体温を授ける。そう教えてもらいました。

父は、君が好きです。ただ、それだけです。

岩崎さんの作品集を整理していたとき出会いました。50秒間、小さな男の子がアカペラで歌う。そして、最後の一行。落ち込みました。私には書けない。とくに「ただ、それだけです」をつけるあたり。思い出すたび、激しく嫉妬するコピーです。

女の一生

ラジオCM全文を載せられないのがくやしい（ぜひコピラで検索してください!）。女性を描くの

米田恵子

一度、ふられてらっしゃい。

サントリーオールド(1983年)○C／岩崎俊一

父は、君が好きです。
ただ、それだけです。

ミキハウス(1988年)○C／岩崎俊一

女の一生

キヤノン(1999年)ラジオCM140秒○C／福本ゆみ

は神経を使います。私物化してはいけない。女のプロっぽさが垣間見られると急にシラけてしまう。極めてデリケートな題材を、「客観的」に共感を得て耳に残す。資生堂やパナソニックなど数々の名作があり、学生時代、ACC年鑑に掲載された福本さんの長尺コピーをひたすら書き写していました。おこがましくてすみません、少し説明すると、福本さんの言葉は、声に出したくなるほど音や流れや読後感が美しく、読んで読んで書きました。今も、ステートメントを書くとき立ち返ります。

福本ゆみさんと岩崎俊一さん。私はお二人のコピーライターに憧れて、今もこうして書いているのですが、思えば、10代20代から憧れの大人がいてくれることは、人生の栄養になります。それはどんな職業でも同じことが言えると思います。20代の方々にメッセージできるものを私は持っていないのですが。32歳のとき「岩崎さんの32歳はどうでしたか？」と尋ねたことがありました。「全く書けないろくでもない奴だったのに、ウイスキーのコピーを書かせろとか生意気だったよ」そしてその後「焦んなくていいよ」と。2時間に1回のペースで毎日怒られて、ダメダメな弟子でしたが焦らず歩きます。

よねた・けいこ　コピーライター。フリーランス。主な仕事に、そごう西武「女性であることを、愛したい」、JT「会えない時間は、会っている時間より、人を想っている」、オークス「お葬式は、好きとありがとうでできている」、岩美町観光協会「しまっておいた日本がある」、中部電力「一秒を守る、人間がいる」、KOSE、クラシエ、KIRIN、サントリー、森永乳業など。

人生の転機になったコピー

中村猪佐武

突然、営業局から転局してきてコピーライターを名乗り始めたポンコツを、手取り足取り、厳しくも優しく、多くの先輩方が一からコピーの書き方を教えてくれました。その方々がいなかったら今の僕は絶対に存在していないし、広告業界にいたかすら怪しいものです。

まだ営業局にいた僕は、想像していた広告会社で働く自分と現実の自分のギャップを埋められず、悶々としていました。そんな時に社内で見かけた僕の師匠、関一行さんのコピー「ROMANTIC HIGH」。このポスターのかっこよさに憧れて、どうしてもクリエイティブへ行きたいと思うきっかけになりました。ロマンティックなんて恥ずかしい言葉を、ちっとも恥ずかしくないものに変えてしまうマジック。師匠としては鬼ですが、仕事を離れればこのコピーのようにロマンティックでかっこいい人です。

さて、その後、なんとか転局できたものの、コピーライターとは名ばかり。そんな駆け出しの僕に友人から世にも恐ろしい依頼が。「こんど結婚するから、その案内状のコピー書いてよ。あのスキーのCMみたいなコピーがいいなぁ」。気楽に言われたそのコピーこそ、一倉宏さんの

ROMANTIC HIGH

J-WAVE(1996年)○C／関一行

愛に雪、恋を白。

東日本旅客鉄道(1999年)○C／一倉宏

ねぇ、手とかつないでみる?

ジェイアール東日本企画(1996年)○C／星大、岡康道名作、「愛に雪、恋を白。」ウルトラ超絶技巧です。スキー場で毎日起きているであろうステキな出来事を、たった六つの文字でこんなにも鮮やかに描いてしまうなんて。簡潔で、美しくて、情緒的。まさにお手本中のお手本のようなコピーを見ながら、ため息をついていたことを思い出します。

僕は基本的に愛情表現が苦手です。だからこそ、好きなコピーは自分が苦手な色恋に関するものが多いのですが、僕の中でその頂点にあるのが、コピーというか、この台詞です。「ねぇ、手とかつないでみる？」「手とか」。しびれます。以前、岡康道さんに、どうしてあんな台詞が書けるんですか？　と聞いたことがあります。岡さんから頂いた金言は僕の胸の中にしまっておきますが、要は生きてきた人生がコピーになっているということでした。すでに岡さんがあの台詞をお書きになった頃より長く生きてきたはずなのですが、どうやらまだまだ、人生の深みが足りないみたいです。もしかしたら、一生かかっても辿りつけない領域なのかもしれませんけど。

なかむら・いさむ　マッキャンエリクソン所属。クリエイティブディレクター／コピーライター。1969年生まれ。主な仕事にモンデリーズ・ジャパン「クロレッツ」、「HALLS」、MasterCard「Priceless」、AGAなど。TCC新人賞、クリエイター・オブ・ザ・イヤーメダリスト、D&ADイエローペンシルなど国内外受賞多数。

記憶に残る「はじめて」のコピーたち

下津浦誠

31歳から、コピーを学びはじめました。それまでは制作会社でCG制作やCMの企画演出をやっていて、現職に就くことになった際は、当然前職の延長上の仕事をやるものだと思っていました。「じゃあ、このコピー考えて。CM案もよろしく」。入社日に、師匠・上野達生からの言葉で脇汗をかきまくったのを覚えています。31歳にして初体験を強いられる状況になりましたが、こんな経験ができるラッキーさに胸を熱くし、気合と根性しか武器がなかった僕は、とにかく会社にあるコピー年鑑を読み漁り、過去のCMを見まくり、数をたくさん書くということをひたすら続けました。ただコピー年鑑などを見ていると当時のことを思い出し、仕事にならないことが多々あります。

「hungry?」は、生活の変化を体感した、はじめてのコピーです。福岡の田舎にある実家で、インスタントラーメンと言えば「うまかっちゃん」。それが、あれよあれよとカップヌードルに変わっていく様子を思い出すと、商品の力も大きいですが、シンプルで強烈なコピーは人の嗜好を変えるほどの力を持っているんだと改めて考えさせられます。

下 津 浦 誠

hungry?

日清食品(1993年)○C/石井昌彦、前田知巳

まずい、もう一杯。

キューサイ(1990年)○C/八名信夫

24時間戦えますか

三共(1990年)○C/勝部修

「まずい、もう一杯。」は、僕を行動にまで移させた、はじめてのコピーです。青汁は祖父がたまに飲んでいる身近なものでしたが、このCMのせいで、気になるを超え、欲しくなるレベルにまで達してしまいました。まずくても飲みたくなる先に何があるのか。好奇心しかない子どもにとって、手を出さずにはいられない状況の完成です。

「24時間戦えますか」は、価値観に影響を与えられた、はじめてのコピーです。この言葉で反抗心が薄まったのを覚えています。当時から気合と根性で何でも乗り切るタイプだった僕には、24時間戦える大人がかっこよく見えるようになりました。今でも自分の根っこにある言葉です。

そんな感じで、たくさんの名作コピーから多くを学び、31歳からという遅いスタートでも、気合と根性で、コピーらしき言葉のカケラは、ギリギリ生み出せるようになりました。あ、それ小さいころ見たことあります！　覚えてます！　と言われるようなコピーを書き探せることを夢見て、hungry 精神で、まずいと思いながらも、24時間自分と戦い続けています。

しもつうら・まこと　BBDO J WEST　CMプランナー／コピーライター。1982年生まれ。豆腐の盛田屋「顔面卓球」で2016年TCC新人賞受賞。主な仕事に「ソラリアプラザ」「シューズ愛ランド」「ボートレース下関」など。FCC賞、OCC新人賞、CCN賞、広告電通賞、毎日広告デザイン賞など受賞。

「ぶっちゃけ感」のあるコピー

北匡史

コピーライター養成講座に通っていた頃、衝撃を受けたコピーを思い返して3本選ぼうとしたのですが、多すぎて選びきれない、すごいコピーが多すぎる…。なので、自分が広告と関係のない人間だった子どもの頃にもどって、「なんかよくわからへんけど、面白いなぁ」と思ったコピーについて述べさせていただきます。

ケンミン食品 焼きビーフンのCMの記憶は、広告から衝撃を受けた原体験かもしれません。何歳のときに、どこで誰と見たのか、すべて覚えていないのですが、インパクトの強さだけは、忘れられません。「広告でそんなこと言っていいの？」という開き直った感じだけではなく、「たまに食べるとおいしいよ〜♪」のフレーズも本音100％な感じがして、記憶に強くこびりつきました。

「セガなんてだせえよな！」「プレステの方がおもしろいよな！」は、コピーと言っていいのかわかりませんが、セガ・エンタープライゼスのCMの小学生のセリフの掛け合いです。セガの競合のゲーム機種の名前が出てきたときは、耳の二度見をしてしまいました。しかし、だか

たまに食べると
おいしいよ〜♪
毎日食べると
ちょっとあきる〜♪

ケンミン食品(1994年)〇C／山本良二、石井達矢

セガなんてだせえよな!
プレステの方が
おもしろいよな!

セガ・エンタープライゼス(1999年)〇C／岡康道

男のパンツの広告してます。

グンゼ(1999年)〇C／小日向かおり、佐倉康彦

らこそセガの覚悟みたいなものも一緒に伝わってきたのだと思います。

「男のパンツの広告してます。」は、思春期に出会った広告。何がすごいかって、CMやポスターで男性用パンツをはいているモデルが、女性だったんです。確か中学3年生くらいのときですが、コピーのトーンもワイルドで、グンゼのパンツが一気にかっこよく見えたのを覚えています。

これら3本のコピーは、広告を注意深く見ているわけでもない子どもの頃に出会ったものですが、どうして20年くらいたったいまでも鮮明に覚えているのか考えてみると、ひとつの共通点があるように思えます。それは、強くてインパクトのある言葉を使っているだけではなく、どれもが本当のことを言っている「ぶっちゃけ感」があるということ（『としまえんよりハワイの方が、やっぱり楽しいと思います。』とかも、そうだと思います）。「かっこよくないけど、ウソじゃないこと」が、企業や商品の誠実さという人柄になり、イメージ向上につながっていくのかなと思って、日々、仕事に取り組んでいます（それがなかなか難しいんですけど）。

きた・まさし　電通西日本　コピーライター。１９８５年生まれ。２０１６年ＴＣＣ新人賞を受賞。

Toru Tsuzuki

広告コピーは、自由なんだ

都築徹

中学2年生だった。同級生の築山が、突然、ジャージの上からオレの股間をわしづかみにして叫んだ。「触ってごらん、ウールだよ！」。それは、ほんの一瞬、バスケ部で、教室で、流行した。名作「なにも足さない。なにも引かない。」を書かれた西村さんのコピーを、毛（ウール）が生えはじめたバカヤローたちときたら…本当に申し訳ございません。産み落とした言葉が世の中に愛される（いじられる）ことはコピーライター冥利に尽きるけれど、まだ、中学生を夢中にさせる一行が書けていない。

入社当時、成城の横溝正史邸のそばに木造二階建ての寮があった。うぐいす張りの廊下と畳の部屋と寮長の娘さんの記憶。そして、4月1日の朝の出来事。リビングで、同期の大野が「豊島園、やっぱスゲーよ！」と興奮しながら朝刊を開いていた。真っ先に飛び込んできた「最低」の二文字。名古屋から出てきたばかりで、豊島園という存在も、大貫卓也さんの存在も知らなかった。だが、その表現の自由さが半端じゃないことは、すぐにわかった。思えば社会人になったその日、思い込んでいた「広告」をはみ出したアイデアの洗礼を受けたのだった。

触ってごらん、ウールだよ。

国際羊毛事務局(1982年)○C／西村佳也

史上最低の遊園地。
TOSHIMAEN

豊島園(1991年)○C／岡田直也

三楽「ローリングK」(1990年)○C／谷山雅計

プロモーション・営業と遠回りをしたコピーライターの1年目の日課は、TCCコピー年鑑の写経だった。写経、映画、合コン。写経、映画、合コン。街を歩けば「キミ、自衛隊に入らないか」と誘われる毎日を送っていた社内失業中の若造にとって、コピーのない「ローリングK」の広告を東京コピーライターズクラブが選んだことは大事件だった。コピーの賞なのに何故なんだと、応募できるコピーが1本も書けていないくせに、勝手に憤った。が、当時局長だった内田東さん（1965年入会TCC会員）に「都築、なんでもありなんだよ」と諭されて、ようやくわかったのだ。「この仕事は、自由なんだ」と。クライアントからお金をもらって「最低」と書いたっていいし、「コピー的発想」の先に、結果コピーなしという選択肢だってある。名作コピーたちが教えてくれた「自由」。この2文字のために、広告を取り巻くあらゆる事情と、いまも闘いつづけている。

つづき・とおる　電通CDC／中部支社兼務　クリエイティブディレクター／コピーライター。1990年電通入社。東海テレビ報道部「戦争を、考えつづける。」でACCグランプリ。クリエイター・オブ・ザ・イヤー・メダリスト、TCC賞、ADC賞、ギャラクシー大賞、消費者のためになった広告コンクール金賞、民間放送連盟優秀賞他、受賞多数。

そうか「コピーは発見」なんだ。

矢谷 暁

「ジョブローテーション」がひたすら怖かった。運よく希望が叶って入社1年目からクリエイティブに配属となったのはいいけれど、噂によると、配属後2〜3年で別の部門に異動させて適性を見極めるというのが、どうも人事の方針らしい。冗談じゃない。この先、普通に成長して仕事を覚えていく程度じゃ、きっと異動させられてしまう。それを阻止するには何か強力な実績がいる。そうだ、広告賞の受賞しかない…。そんな感じで、仕事で企画する以外にも公募の賞を探しては応募した。いくつも応募しているうちに、そのうちポツポツと賞が獲れたりもした。しかし、実際の仕事ではなかなか企画が褒められない。通らない。仲良くなった営業の先輩からは「早く営業に来いよ」なんて言われたりして、それが冗談でも本気でびびっていた。そんな時出会ったのが「恋人は、しょせん素人です。」。そうか「コピーは発見」なんだ。と、心に深く刻みつけられた。見る角度によって発見される事実が、こんなにも面白いとは。

その後、幸いなことにTCC新人賞が獲れたからか、そもそもジョブローテーションのシステムは単なる噂だったのか、クリエイティブから異動させられることはなかった。バカのひと

恋人は、しょせん素人です。

ヘルス東京(2000年)○C／手島裕司

高校生は、
家に帰って勉強しなさい。

増進会出版社(2003年)○C／福部明浩、加藤大志郎

Stay hungry,
stay foolish.

(2005年)○C／スティーブ・ジョブズ

つ覚えのように「コピーは発見」だけを頼りに企画を続けていたその頃、渋谷のハチ公前を通りかかって衝撃を受けた。「高校生は、家に帰って勉強しなさい。」。世のお母さんや学校の先生が言うようないわゆる「定型文」的コピーなのに、その場所にあるだけで途端にターゲットに突き刺さる強いメッセージになっている。掲出場所やタイミングと合わせて、コピーに新しい意味を持たせることができる。OOHの面白さと可能性を知った。

最後のひとつは、スティーブ・ジョブズがスタンフォード大学の卒業式辞の締めで語った「Stay hungry, stay foolish.」。特に「フーリッシュ」の部分が好きだ。今までの体験を振り返ると、変化こそ成長だったんだと思う。この先も、新しい出会いや発見をきっかけに少しずつでも変わっていくには、一見バカらしくも見える挑戦をいつまでも続けないとダメなんだと背中を押される。

やたに・あきら　東急エージェンシー　クリエイティブディレクター／コピーライター。1974年生まれ。最近の主な仕事に、いすゞ自動車、セブン銀行、SOMPOホールディングスなど。TCC新人賞、毎日広告デザイン賞グランプリ、朝日広告賞、読売広告賞、日経広告賞、アドフェストブロンズなどを受賞。

「心を動かすコトバには法則がある」

佐々木圭一

ぼくは、人生のある時期まで、とにかくコミュニケーションがへたでした。そんな私が広告会社に入り、コピーライターになりました。

伝えることが苦手なのに、コピーライターという肩書をもった私。書くコピーすべてがボツになりました。その当時私につけられたニックネームは「最もエコでないコピーライター」。紙がムダということ。

「……自分には才能がない」と毎日のように思い悩みました。コトバは才能で決まると思っていた私は、途方にくれていました。一方で、同じころに入社した人たちはどんどんいい仕事をしていく。自分ができないことの恥ずかしさと嫉妬で、人と目を合わせることすらできませんでした。ストレスで過食になり、1年で10キロ太り、アゴもなくなりました。

小太りになった私は、もがきながらも道を探していました。いいコトバが集まっている詩集、書籍、映画を見ました。心に残る言葉、感動的なコトバに出会うたび、ノートに書き写しました。あるとき、そのノートを見ていたら、気になることがありました。

佐々木圭一

考えるな、感じろ。

『燃えよドラゴン』(1973年)○C／ブルース・リー

ちっちゃな本が、
でかいこと言うじゃないか。

講談社(1989年)○C／佐藤澄子

死ぬことに意味を持つな。
生きるんだ!

『3年B組金八先生』○C／金八先生(武田鉄矢)

「あれ、このコトバとこのコトバ似てるな」。それが上にあげている3つのコトバです。一見、まったく違いますよね。だけど、「構造が似ている」と感じたのです。どれも、正反対のコトバを使っている。

考える↕感じる
ちっちゃな↕でかい
死ぬ↕生きる

はじめ、気のせいかなと思っていました。しかし、ただ偶然の一致にしては、見事にそろいすぎている。その奥に、明らかに何かがあるという宝物のにおいのようなものをビンビンに感じていました。

「考えるな、感じろ。」

別に「感じろ」だけでも、意味が伝わるのに、なぜ正反対の「考えるな」とあえて言っているのか……。

「心を動かすコトバには法則がある」と気づいた瞬間でした。私ははじめ、いいコトバは、天から舞い降りてくるひらめきが必要だと思っていました。でもひらめきやセンスによらず、強いコトバをつくれる法則の切れ端を発見した瞬間であり、『伝え方が9割』を書くことになったきっかけでした。

ささき・けいいち　コピーライター・クリエイティブディレクター／ウゴカス代表。
数々の広告を手がけ、カンヌ国際広告祭にてゴールド含む計6つのライオンを獲得。著作『伝え方が9割』はビジネス書年間1位を獲得。
「日本人のコミュニケーション力を世界水準に引き上げる」ことをライフワークにしている。

コピーコピーしてんじゃねーよ

公庄仁

4歳の娘が大好物のトマトを食べたあと、「うまいっ…テーレッテレー！」と発した。元ネタはもちろん「ねるねるねるね」の魔女のCMであるが、四半世紀前の名作を娘が知るわけはない。私はいまだに自分が無意識で「ねるねるねるね」のナレーションを呟きながら食事をしていることに気づかされた。「ねるねるねるね」という呪文のような名は、言語が意味や論理である以前に呪術的なものであるということを思い出させてくれるが、その呪力は世代を超え私の家族にも影響を与えている。感銘を受けた私は、しばらく1日3食を「ねるねるねるね」で過ごした。

よっちゃん食品工業の駄菓子「タラタラしてんじゃねーよ」も素晴らしいネーミングだ。原料が鱈だから「タラタラ」というワードができたと推察するが、「〜してんじゃねーよ」と自らに異を唱えることで、タラに安住しようとする自己の存在を否定している。「原料にタラを使って、タラのような味がつくれたらそれでいーのかよ？　俺たちのつくる駄菓子ってそんなもんかよ！」という熱い思いが伝わってくる。余談だがパッケージも秀逸で、パンクロッカーが

公庄仁

ねるねるねるね

クラシエ（1986年）

タラタラしてんじゃねーよ

よっちゃん食品工業（1990年）

もも太郎

セイヒョー（昭和20年代）

イカの格好をした謎の人物にシャウトしている。これが、同社のヒット商品「よっちゃんイカ」に対する気概のメタファーであることは言うまでもない。「タラタラしてんじゃねーよ」は、私の書く凡庸なコピーに対していつも「コピーコピーしてんじゃねーよ」と檄を飛ばしてくれるようで身が引き締まる。近々、座右の銘として右腕に彫ろうと考えている。

新潟の有名なアイス「もも太郎」とは出張先で偶然出会った。地元では圧倒的な認知度を誇るアイスらしい。一瞬、「新潟なのに桃太郎」という組み合わせに戸惑ったが、ご当地商品だからといって、その土地のキャラクターを使わねばならないという法はない。桃太郎は岡山の専売特許ではないのだ。また、驚くことに「もも太郎」アイスは桃味ではなく、イチゴ味であった。しつこいようだが、桃太郎モチーフだからといって桃味である理由はない。その自由な発想は、つまらない固定観念に縛られた私に風穴を開けてくれる。ちなみに裏面の原料を調べてみると、桃もイチゴも一切使われておらず、リンゴ果汁が使用されていた。さすがに頭がくらくらした。

ぐじょう・ひとし　サン・アドに所属しながら2017年よりPOOL inc.にも参加。主な仕事に、ドラえもん×東京メトロの企業広告や、200万部超のベストセラー「ざんねんないきもの」シリーズ、340年以上つづく京都の酒蔵「玉乃光」のブランディングなど。フットサルとグラップリングが好きです。

誰かの心に残る仕事を

森俊博

正直に言うと、広告会社に入社した時、僕は全く広告に興味がなかった。デザイナーだったけど、本当は画家やアーティストになりたくて。普通の人には理解できないような現代アート的なものが好きだった。他人の商品を売るために作る広告なんてバカらしいとさえ思っていた。でもある日、1冊の本がそんな考え方を180度変える。『大貫卓也全仕事』。衝撃だった。特に影響を受けたのが、としまえんの一連の広告。「プール冷えてます」って…何この気の抜けた感じ。こんなチラシみたいなのでいいの？　全然カッコよくない…けど、それが逆にカッコいい。真夏の暑い日にこれを見たら、きっとプールに行きたくなる。そうか、広告はアートじゃない。広告は人の気持ちを動かすものなんだ。と、ようやく気づいた瞬間。そして初めて、広告って面白いかもしれないと思った。間違いなく、この本で大きく人生が変わった。

広告にハマった僕は、会社にある年鑑を読み漁るようになった。まだコピーを書こうなんて思ってもみない頃。コピーの勉強としてではなく、ただ読み物として楽しく読んでいたからか、この頃見たものはいまだに記憶が濃い。好きだったのは、たった一行でいろんなドラマが思い

プール冷えてます

豊島園(1986年)○C／岡田直也

愛とか、勇気とか、
見えないものも乗せている。

九州旅客鉄道(1993年)○C／仲畑貴志

地図に残る仕事。

大成建設(1993年)○C／安藤寛志

森 俊 博

浮かぶもの。昔は、コピー一行に、一本の映画にも負けない輝きがあった。そんなコピーに憧れた。人の弱さや、内に秘めた強さ。愛とか、勇気とか、見えないものを描くコピーを書きたいと思った。27歳の夏、コピー講座に通うことを決めた。

いつからかコピーライターを名乗り、数年前からＣＤなんて肩書きもついたいま。競合コンペに追われ、大人の事情を苦笑いで受け入れる毎日。気持ちが折れそうな時もあるけれど、そんな時は「地図に残る仕事」を思い出す。このコピーを初めて見た時、建設業界で働く人が羨ましいと思った。僕らが作る広告はあっという間に消費されていくけれど、この人たちが作るものは地図に残る。ずっと残り続ける。そんな仕事がしたいと強烈に思ったのだ。自分はどれだけ多くの人の「心に残る仕事」ができるだろうかと。何年、何十年経っても、誰かの心に残るもの。見た人が一生忘れられないものを作る。それが目標になった。だから今日も負けるな、俺。ふんばれ！

もり・としひろ　電通名鉄コミュニケーションズ所属。クリエイティブディレクター／コピーライター。1974年生まれ。ADとして広告会社2社を経て、2004年に入社。2006年あたりからコピーライターに転向。TCC新人賞、広告電通賞、ギャラクシー賞、ACC賞、日本民間放送連盟最優秀賞、アドフェスト、D&ADなど受賞。広告デザイン専門学校非常勤講師。

コピーはただの言葉じゃない。「企て」なんだ

杉山元規

ずっと、コピーライターを名乗ることに抵抗があった。名刺を渡す時はいつも「コピーライターの杉山です」とは言わず、「クリエイティブの杉山です」と伝えていた。自分はコピーを書くだけにとどまらず、ビッグアイデアを実現する人になりたいんだ。コピーライターという肩書きは、その足枷になるのでは。無知な先入観から、どこか窮屈さを感じていた。

恩師の小田桐昭さんは、そんな未熟な小僧ライターだった僕に、あらゆる角度から気づきをくださった。コピーはただの言葉じゃない。「企て」なんだよ、と。サントリーホールの「よく眠れます。」は、日本のお茶の間はもちろん、世界中の人々の心も掴んだCMコピーだ。企てのあるコピーは、万国共通でウケる「アイデア」そのもの。ワキ汗がドバッと吹き出したのを、昨日のことのように覚えている。

小田桐さんは、海外の名作もたくさん見せてくださった。特に印象に残っているのが、「Think small.」に代表されるフォルクスワーゲン ビートルの広告キャンペーン。1959年当時のアメリカで乗用車といえば、派手さやデカさを競うステイタスシンボル。そんな「Think big.」

そこは、
世界の一流の音楽が
美しく響く場所です。
よく眠れます。
SUNTORY HALL

サントリー（1997年）○C／杉山恒太郎、広瀬正明

Think small.

フォルクスワーゲン（1959年）○C／Julian Koenig

この人ゴミを押しわけて、
はやく来やがれ、王子さま。

個展（1991年）○C／イチハラヒロコ

な社会に真っ向から反旗を翻し、新たな未来を作ったのだ。企てのあるコピーは、世の中を変える「ビジョン」そのもの。約17年にもわたって続いたこの広告シリーズはすべて、ボディコピーの隅々まで写経した。一貫したビジョンと「正直さ」というテーマのもと、細部にまで発見やウィットがちりばめられている。写経するたび指先が震えたのを、昨日のことのように覚えている。

小田桐さんは、どんなに小さな企画でも丁寧に見てくださった。上っ面な綺麗ごとコピーには特に厳しく、書いていこうものなら「つまんない」とガッカリされた。企画に行き詰まるとよく眺めていたのが、言葉の現代美術アーティスト イチハラヒロコさんの作品集「この人ゴミを押しわけて、はやく来やがれ、王子さま。」。なんという破壊力。わずか数文字の中に、人間の「隠れた欲望」が凝縮されている。企てのあるコピーは、「サスペンス」そのもの。2時間の綺麗ごと映画なんか観るよりずっと心の奥底がザワついたのを、昨日のことのように覚えている。

すぎやま・もとのり　コピーライター／CMプラナー。1983年生まれ。2006年オグルヴィ・アンド・メイザー・ジャパン入社。1年目にTCC新人賞、2年目にヤングカンヌ日本代表（Film部門）選出。2011年TBWA\HAKUHODOに移籍。その後、LAオフィスTBWA\CHIAT\DAYを経て、現在は東京オフィス。カンヌライオンズ、ACC他、国内外で受賞多数。

ぼくはコピーライターになりたいと思いました。

中村直史

コピーライターになりたいと思ったことがありませんでした。そもそも自分が何に向いているか、何をすべきか、さっぱりわかりませんでした。それが理由でずいぶん長い学生期間を過ごし、ひょんな縁で広告代理店に内定し、人事局の方に「クリエイティブ局に興味ある？」と言われ、コピーライターを志しました。そんな始まりでした。なんのトレーニングも受けていないし才能もあると思えないし、ただただ心配でした。

そんなときに本の中で見た古い国鉄のポスター。とある地方の滝が写っていました。本の1ページのどこかに小さく取り上げられたもので印刷も粗かったと記憶しています。それでも衝撃といっていいくらいドキドキしました。この言葉を書いた人は、ウソじゃなく滝の前に立ち、ウソじゃなく息ができなかった。その立ちすくむ様子や心の動きが生々しい手触りをもって粗い印刷の向こうからも伝わりました。自分はコピーの才能がないかもしれない。けれどそんなことはどうでもよい。少なくとも自分は「神に触れた。息もできぬ。」と感じるような体験をしたくて、あちこちふらふらと生きてきたし、これからもそうありたいと強く思いました。その

神に触れた。息もできぬ。

日本国有鉄道（1978年）○C／石田勝寿

「角」÷ H_2O

サントリー（1977年）○C／仲畑貴志

くとぅば文化んでぃいーねー、
いふぇーいいだたーさんやー。
（コトバは文化だとか言うと、）
（ちょっとおおげさになりますけどね。）

セゾングループ（1990年）○C／糸井重里

上で、もし、だれかに何かを伝えられて、いまこのポスターの言葉の前でドキドキする自分のように、いつかだれかがその実感を共有してくれることがあれば、それはすごいことなんじゃないか。ぼくはコピーライターになりたいと思いました。

同時期に出会ったのが、仲畑貴志さんの「『角』÷H_2O」のボディコピーです。たった1枚の紙に書かれたウイスキーに関する文章がこんなに遠くへ人を連れて行くことができるのかとうれしくなりました。何十回も書き写しました。「この文章よ、おれの体の一部になれ！」と念じながら書いた記憶があります。

そして、糸井重里さんの琉球語で書かれたポスター。TCC年鑑で見ました。出会った瞬間、気持ちいい風がぶわっと吹いてくるようでした。つい何日か前のほぼ日で、糸井さんが「勇気と好奇心」について書いてらっしゃいました。いま思えば、あのポスターも勇気と好奇心のできていたから、あんなにワクワクしたんだろうと思います。

なかむら・ただし　BLUEとGREEN コピーライター。1973年長崎県五島生まれ。電通に16年勤務後、2016年に今永政雄、吉田美沙子とともにBLUEとGREENを設立。海、魚、釣り、民話、落語、風習、音楽全般、好きです。そういうものをめぐる取材や紀行文の仕事もしてみたいです。

名作コピーは、ときに誰かの思い出になり、ときに誰かの人生を変える。

多賀谷昌徳

1つめの思い出は、中学生のとき。時代はバブル絶頂。田舎育ちの僕には無縁の世界だったが、テレビからその気分だけは感じられた。とくにトレンディドラマ（バブル景気に制作されたテレビドラマを指すらしい）が好きだった僕は、あの頃を象徴するトレンディなCMにもたくさん触れていた。山下達郎のクリスマス・イブ。駅構内を駆ける牧瀬里穂。柱の陰で彼氏を待ち伏せするシーンは、いま見てもときめいてしまう。東海道新幹線は「クリスマス・エクスプレス」と言い換えられていた。JR東海は、まさに時代の気分を動かしていた。調べたら、放送翌年の就職人気企業ランキング1位。いい広告は、いい求人になる例でもあった。

2つめの思い出は、大学生のとき。時代はバブル崩壊直後。音楽がやりたくて東京に出てきた僕は、バンド活動を再開し、2番目に興味のあった広告研究会に入った。そこで（音楽に詳しいという理由から）先輩が旗揚げした劇団の音響を手伝うことになる。音楽、広告、芝居…。なんだか広告の周辺に、好きなことがあるように思い始めていた。その頃、オールドのCMに出逢った。中年サラリーマンを応援するコピーは、大学生の僕にも刺さった。「恋は、遠い日の花火

多賀谷昌徳

クリスマス・エクスプレス

東海旅客鉄道(1989年)○C/生出マサミ

恋は、遠い日の花火ではない。

サントリー「オールド」(1994年)○C/小野田隆雄

絵を買う気持ちと、
花を選ぶ気持ちと、
TOTOを使う気持ちが
近くなりますように。

東陶機器(1991年)○C/仲畑貴志

ではない。」は、ターゲットの気分だけじゃない、普遍的な何かを含んでいた。調べたら、放送後の長塚京三は理想の上司ランキング1位。いい広告には、いい人間が描かれている例でもあった。

時代は就職氷河期。卒業すら危うかった僕は、普通の就職活動をあきらめていた。「2番目に好きなことを職業にするほうが幸せかもしれないよ。私もそうだった。じつは妻も2番目に好きな人で…」教授の言葉が妙に腑に落ちた。僕は、音楽のつぎに、広告が好きになっていた。

3つめの思い出は、駆け出しのとき。TCCコピー年鑑写経時代。年鑑からひとつ選ぶのは難しいが、当時、デスクの壁に貼っていたページがある。新聞15段のスペースに、新製品とコピーだけ。音楽も映像も台詞もないのに、脳内でイメージが増幅した。「絵を買う気持ちと、花を選ぶ気持ちと、TOTOを使う気持ちが近くなりますように。」いい広告は、いい考え方である例でもあった。

名作コピーは、ときに誰かの思い出になり、ときに誰かの人生を変える。

たがや・まさのり　グレイワールドワイド クリエイティブディレクター／コピーライター／CMプランナー。TCC最高新人賞、ACCゴールド、クリエイター・オブ・ザ・イヤー メダリスト、交通広告グランプリ企画賞、消費者のためになった広告コンクール金賞、ほか海外広告賞の受賞も多数。最近の仕事は「ファブリーズで洗おう。」「半径30cmのハピネス。」など。

「どう言うか」にバカみたいにこだわる

山口広輝

「できれば2000年以前の広告で、ご自身がそのコピーに触れた頃の随想を…」とご依頼いただいたのですが、これが面白いほどまったく思い浮かばない。「学生時代に街角で出会った1行が、僕の人生を変えたんスよ」とか「バイト先のBARの常連さんがコピーライターの○○さんで…」みたいな素敵なエピソードを書きたいのは山々なんですが、就職でその先の日本から上京してきた僕には、そんな気の利いたエクスペリエンスなど微塵もないわけです。

「名刺にコピーライターと書けば、誰でもコピーライターになれる」なんて話がありますが、僕はまさにその類で、社内転局試験に合格し、コピーライターと書かれた名刺を渡されて初めて「やばい、コピーって何?」となり、コピー学校に通い始めた「意識低い系」で言えば、かなりトップクラスのコピーライターだったと自負しています。

クリエイティブ局に異動したのは2004年。それ以前はコピーなんて意識したこともなく、とにかくパクれるネタでもあればとTCC年鑑を読み漁っていた時に「ああ、こういうのいいなぁ」と思ったのが上に挙げた3つのコピーでした。

恋は、遠い日の花火ではない。

サントリー（1996年）○C／小野田隆雄、川野康之

拳骨で読め。
乳房で読め。

新潮社（1987年）○C／糸井重里

愛に雪、
恋を白。

東日本旅客鉄道（1999年）○C／一倉宏

なんかよくわからないけど、すごくよくわかる！　的な。当時はまだコピーライターとしては未熟者でしたが、プロの手にかかった言葉が醸し出す力強さというか、色気というか、なんとも言えないオーラみたいなものに無意識に惹かれたのを今でも覚えています。（ウソウソ、本当はそこまで覚えていません）。

近頃はコピーも、わかりやすさ至上主義の風潮が一層強まってきて、着眼点や企画性は評価されても、コピーそのものの語感やレトリック、文体の新しさや美しさではあまり評価されにくい時代になっている気がします。クライアントからは「わかりにくいと上司に持ってけないよ！」みたいなことをよく言われますし。Ｗｅｂとかでは反応重視の言葉を求められますしね。

もちろんコピーは「何を言うか」がいちばん大事なんですが、でもこんな時代だからこそ「どう言うか」にバカみたいにこだわる。そんな気持ちも忘れたくないな、と最近は特に感じてしまいます。とはいえ「遠い日の花火ではない」なんてコピーはまだまだ書ける気がしませんけどね。

やまぐち・ひろき　ジェイアール東日本企画クリエイティブディレクター・コピーライター。主な仕事にJR SKISKI、大人の休日倶楽部、OsakaMetro、DODA、an、ららぽーとなど。TCC賞、TCC新人賞、朝日・読売・日経・毎日広告賞・交通広告グランプリ優秀賞・新聞協会賞など受賞。

僕は法学部なのにコピーライターを志望する確信犯になった。

宮寺信之

１９８３年、駿河台。21の僕は、大学の購買部で広告批評別冊「糸井重里全仕事」を見ていた。就活の面接で必ず「なぜ法学部なのに広告会社を志望するのか？」と聞かれては「世の中、コピーライターブームですよね。なんかカッコイイなあと思って」と正直に答えるわけにもいかず…。そんな時、目に飛び込んできたのが「金魚って、平和がつくったんだって。」というコピー。３００年続いた江戸時代の平和があって、金魚は美しい観賞魚に改良された。それに比べ戦後35年の平和をあなたは長いと思うか短いと思うか？　と問う、１９８０年年頭の新聞広告。ゼミ（国際法）の教授が書いた３００ページ余の本よりずっと心に届く、人を動かす文章だと思った。その日から、僕は法学部なのにコピーライターを志望する確信犯になった。

１９８６年、魚藍坂下。広告会社に潜り込み、営業に配属されて2年半。なんとかクリエイティブへ転属が叶い、コピーライターの端くれになった。25だった。僕は小さな音量でつけっ放しになったテレビが置かれた打ち合わせスペースでコピーを考えていた。突然、砂の惑星を、脚が生えたカメラが歩く映像が流れ、ナレーターの声でコピーが読まれた。「知的物体か。」え？

金魚って、
平和がつくったんだって。

西武流通グループ(1980年)○C／糸井重里

知的物体か。

キヤノン販売(1986年)○C／秋山晶

近道なんか、なかったぜ。

サントリー(1987年)○C／小野田隆雄

Nobuyuki Miyadera

いま、なんて言った？　カメラを、知的物体…!?　頭に巨大な隕石が落ちた。こんなコピーを書く人がいるのだ。いったい誰だ？　ネットのない時代、そのコピーライター秋山晶という名前に辿り着くには少し時間がかかった。

１９８７年、赤坂檜町。26の僕は毎日、コピーが上手くなりたいと思っていた。広告学校寺子屋コース小野田隆雄塾の生徒になった僕は、小野田先生の事務所で週に一回、コピーを書いては添削される講義を受けていた。ある日の授業の終わり、別の生徒が「これ、先生ですか？」と雑誌を開いた。そこには見開き2ページにアメリカ人映画監督のモノクロ写真が2カット、レイアウトされており、縦に組まれた「近道なんか、なかったぜ。」というコピーが見えた。それは映画監督の言葉として書かれたはずだった。しかし、僕にはコピーライターの大先輩が僕に向かって放った銃弾のように見えた。

みやでら・のぶゆき　ライトパブリシティ クリエイティブディレクター／コピーライター。主な仕事：キヤノンＭＪ企業ＣＭ「写真っていいね」、クラレ「ミラバケッソ」、ＡＧＣ旭硝子「硝子」、龍角散「藤井龍庵」など。ＴＣＣ最高新人賞、朝日広告賞、雑誌広告賞金賞、消費者が選んだ広告コンクール経済産業大臣賞など受賞。

コピーや広告についての「よく出来てるね」という感想が苦手です

関陽子

ビールとチューハイの酔いはどう違うのか、度数5％と9％の価値の違いとは何か、などなど、その製品にしか言えないコトを針の穴から刺し当てる作業をするのは面白いものですが、だから一方で、ドカンとすべてを焼き払う大きな言葉に憧れます。抽象的な言い方ですけど「あ、でっかい領土全部取られた……！」という感慨と嫉妬を覚えるもの。

「想像力と数百円」は、新人時代にある文庫の仕事をした頃、新潮文庫の中吊りにあったコピー。見るたび打ちのめされました。たった七文字で文庫と読書の魅力の全てを語り尽くし、人間を信じ、でも試してさえいる。なんだこのカッコよさは！　以来ずっと、コピーってこういうことなんだよ、お前に書けるの？　とこの七文字に耳もとで囁かれています（はい、今でも書けてません）。

「一瞬も 一生も 美しく」は、その文字組の美しさとともに見た瞬間、ほ〜と声が出てしまった。読む人に媚びないのに説教にならない。資生堂という企業でないと受け止められないスケール。「あるある」コピーが席巻していた頃だと思いますが、コピーってこういうことなんだよ

想像力と数百円

新潮文庫(1985年)○C／糸井重里

一瞬も 一生も 美しく

資生堂(2006年)○C／国井美果

予想外

ソフトバンク(2007年)○C／石川英嗣、澤本嘉光

関陽子

（以下同文）と、再び背筋が伸びました（そのあと他の仕事で何度「一瞬も一生も〇〇〇」と書けたら…と思ったであろう）。

「予想外」も、あ、領土取られた！　の記憶。縮こまった世間に放ったキレと覚悟。当時BtoBの仕事が多かったこともあり、すべての企業の指針の言葉はこれを超えられるだろうかと感じた。

コピーを書くのはたった一人だけど、その一人が生み出す一言が人の真理にまで触れ、世の中の矢印にまでなれる。私がコピーライターという職業を素敵だなと思える理由のひとつは、そのダイナミズムというかロマンチシズムというか、って書くと超ダサいけど、そういうもんだったりします。小さな会議室でその場の事情汲んでまとめて「よく出来てるね」と言われて終わってちゃだめだ。いつか、尊敬する言葉たちに恥ずかしくないコピーを。いつかっていつだよ。

せき・ようこ　電通 クリエーティブディレクター／コピーライター。
JT桃の天然水「ヒューヒュー！」、ニューバランスジャパン「私たちはスポーツが好きでたまらない。それだけ。」、Honda FIT「FIT3」、ブリヂストン「タイヤカフェ」、帝国ホテル「おもてなしの心」、KIRIN氷結「言わせとけ。」など。

手品みたいに出してくるやつが一番だめなんです。

田中泰延

「糸井重里」を名乗る人物から、突然ツイッターのダイレクトメッセージが届いたのは、2016年の初め頃だった。

どこかいいときにぜひお会いしたいです。
どっちも空いていたら、ふらっと会いましょう。
糸井重里

偽物だろう。そんなわけがない。子どもの頃からテレビや雑誌で見ていた、あの糸井重里。自分がコピーライターという仕事に就く原因になった、あの糸井重里。広告会社に入ってから毎晩腕組みして読んだコピー年鑑の歴史そのものみたいな、あの糸井重里を名乗る偽物。これはその名をかたる何者かだ。

想像力と数百円

新潮社「新潮文庫」(1985年)○C/糸井重里

店で調べて、家で買う。

ニッセン(1994年)○C/石井達矢

恋人は、しょせん素人です。

ヘルス東京(2000年)○C/手島裕司

1カ月後にその怪しい人物と会う約束をした。ひとりで京都駅に立っていると、想像していたより背の高い男性が改札口に現れた。その瞬間、私は「糸井重里だ」と口走ってしまった。偽物ではなさそうだ。

初対面の糸井さんとふたりきり、タクシーに乗りこむ。

「田中さんはコピーライターなの？」と訊かれたが、「はい、そうです！」なんて、胸を張って言えない。糸井さんは続けた。

「僕は広告の仕事はもう長いことやってないけど、コピーというのは、言葉をこねくり回して、手品みたいに出してくるやつが一番だめなんです」

この言葉が心に結び目を作った。そうだった。私は広告会社に入って、コピーライターとして配属され、うっかり24年間も働いてしまったが、「こねくり回して手品みたいに出してくるやつ」が大嫌いなのだった。

商品を出され、これを説明してくださいと言われて、一番早い話をする。そりゃそうだわ、と聞いた者が膝を打つ発見をする。そう、私にとってコピーとは科学であって、魔術であってはならない。納得であって、説得であってはならない。

昔から自分が好きだったコピーを3つ、ならべて見たが、その理由はそこにあった。手品じゃないのだ。そりゃそうだわなのだ。

田中泰延

糸井さんと出会って、わずか半年後。私は24年間勤めた広告会社を辞めることを決めた。文字を書いて生活することには変わりがない。ただ、手品っぽい手つきになっていないかだけは、今日も気をつけている。

たなか・ひろのぶ　青年失業家

僕はコピーライターの難しさと奥深さを味わっている。

上島史朗

名刺にコピーライターという肩書がついたのは、30歳を過ぎてからだった。30代の前半、転職を機に突然ついたこの肩書の重苦しさに、僕は一人勝手に喘いでいた。興味や憧れがなかった訳ではない。でも、自分にはなれないんじゃないか。向いていないんじゃないか。もうすこし違うところで勝負したほうがいいんじゃないか。そうやって、直視するのを避けてきた。この職業は、もっと憧れて憧れて憧れた人がなる気がしていたが、恥ずかしながら僕は少し違った。でも、名刺を見ればそこには「コピーライター」と書いてある。名刺交換をした方は、当然だけど僕のことをコピーライターとして見る。曖昧な覚悟で対面しては、あまりにも失礼だ。そうやって、30代前半の僕は周回遅れのコピーライターとして、貪るようにコピーを吸収していった。

屋久島でCMの撮影をした帰り道、監督と山道を歩きながらコピーの話になった。監督は自分の好きなコピーとして、「ナイフで切ったように夏が終わる。」を挙げた。コピーに飢えていた僕の心に、その言葉は鋭く刺さった。納得と驚きが同居したこんなコピー、一生自分には書

ナイフで切ったように
夏が終わる。

パルコ(1982年)○C／長沢岳夫

「かわいい女」268ページで
フィリップ・マーロウが
ほめているバーボン。

サントリー「オールド・フォレスター」(1989年)○C／米嶋剛

ポッカリと時間のあいた
日曜の午後、
まさかアイスクリーム
でもないだろう。

サントリー「オールド」(1985年)○C／小野田隆雄

けない。ああ、なんて世界に足を踏み入れてしまったんだろう。東京に帰ったら、夏が、この言葉でしか形容できないぐらい見事に終わっていた。

こんなコピーもあるのか！　と、膝を打ったのは、チャンドラーの「かわいい女」から引用したコピー。作中でフィリップ・マーロウがほめているんなら、きっとおいしいに違いない。コピーはレトリックの競い合いではなく、それ自体が企画なんだ。という発見をくれるコピーだった。

最後のコピーは、葛西薫さんの本の中で目にした、小野田隆雄さんが書いたコピーだ。ウイスキーという言葉をひとつも使っていないのに、なんてウイスキーを感じさせる言葉なんだろう。大人な世界観の中にある、明確な言葉の機能性。ポスターにさえなっていない、葛西さんの随筆の中で紹介されたその一文が頭から離れなくなった。あれから10年ぐらい経った。ポッカリと空いた日曜日の午後は、ときどき僕と3歳の娘に訪れる。2人でアイスクリームを食べながら、僕はこの職業の難しさと奥深さを味わっている。

うえしま・しろう　フロンテッジ シニアクリエイティブディレクター／コピーライター。
最近の仕事：西武・そごう「わたしは、私。」、KIRIN、日清シスコ、レコチョク、信濃毎日新聞など。アドフェスト シルバー、カンヌライオンズ ファイナリスト、文化庁メディア芸術祭審査員推薦作品入賞、TCC新人賞、CCN賞、ACCエリア&コミュニティ賞、日経広告賞最優秀賞など。

コピーライターになれと言ってくれたのは一人だけだった。

黒澤仁

スターの、ことば。

二十七歳の秋。僕はあるハウスエージェンシーで広告制作とは無縁の仕事をしていた。とくに不満もなかったが、大した夢もなかった。当時、一緒に遊んでいた後輩がコピーライター養成講座に通うと言い出した。夢を語る彼を斜めに見ながら、「お前が行くなら俺も行く」と連れションでついていった。通い出して一カ月。目の前にスターが現れた。全身クロの出で立ちで〝ギョーカイ臭〟を漂わせ、彼は自らのコピーを「ダジャレではない、オシャレだ」と言い切った。色気のある言葉、何かをたくらむ目線、僕は一瞬でコピーライターという職業に恋をした。

三十三歳の春。TCC新人賞で一次通過をうろうろしていた頃だった。こんどのスターはスーツを着てやってきた。クリエイターなのにスーツ。それが彼のトレードマークだった。きっかけは会社で行われたクリエイティブ塾。その塾でプロ野球のCMを考える課題が出された。僕

恋が着せ、愛が脱がせる。

伊勢丹(1988年)○C／眞木準

ねぇ、手とかつないでみる？

東日本旅客鉄道(1995年)○C／星夫、岡康道

泣かせる味じゃん

サントリー(1983年)○C／梅本洋一

黒澤仁

が提出したのは、肩を冷やさないために夏でも冷房を使わない投手の日常や二十五歳でクビになる若者の苦悩を表現した企画だった。「コピーライターなんかやめて、プランナーになれよ」それが彼の講評だった。リップサービスだったと思う。でも何者でもない僕にはとてつもない勇気になった。机の引き出しには、彼の作品を集めたDVDがある。何百回見ただろうか。ずっと背中を見つめている。

四十三歳の冬。僕はCMの編集でスタジオにこもっていた。そこにメールが入った。恩師の訃報。何を言っているのか、よくわからなかった。真実とも冗談とも思えなかった。コピーライター養成講座時代、コピーを褒めてくれる人はいても、コピーライターになれと言ってくれた講師は一人だけだった。六本木の事務所に伺えば、いつも大きな声で迎えてくれた。最後にお会いしたのはいつだろう。それは闘病に入る前、夏の終わりの表参道。その夜何を話したかは覚えていない。ただ別れ際に「おまえ、いいコピーライターになったな」そう言ってくれたのが最後だった。まだまだです。夜空を見上げながら今夜も想う。

くろさわ・じん　1992年、某ハウスエージェンシー入社。1997年、日本デザインセンター入社。2000年大広入社。現在、大広第2CR局 第1CRG。TCC新人賞・広告電通賞グランプリ・ACCブロンズ・JAA CMベスト10・日本雑誌広告賞グランプリ・朝日広告賞準グランプリ・毎日広告デザイン賞準グランプリ・日本産業広告賞グランプリ・日経デザイン賞・日経BP賞 ほか。

お前のつくる広告には、ちゃんと「危なさ」があるのか

直川隆久

小学5年の冬。体育の前の着替えの時間になると、クラスの男子の誰かが必ず「チャップイチャップイ　どんとポッチイ」と騒ぎだした。そして一人が始めれば、周囲も続いて憑りつかれたように大合唱。飽きもせずチャップイチャップイと繰り返す集団の様子は、怖くすらあった。高校時代、クラスメイトのT君が、「焼きビーフンにピーマン入れんといてや」というフレーズで皆を笑わせているので、何かと思ったら、CMのマネらしかった。後日テレビでそのCMに出くわし、衝撃を受けた。ドブ色の背景の前にしゃがみ込む不気味な子どものイラスト。抑揚のない声で唱えられるセリフは、呪いの言葉のようだった。

小、中、高時代にかけて、折に触れそういう不穏なテレビCMの襲撃を受けた。なぜか真っ暗な路地を、電燈を持った男が歌いながら歩くCM。なぜか空母が都市の真ん中に突如現れるCM。なぜか喪服姿の女2人が非常階段でお互いの服のにおいをかぎあうCM。それらのコマーシャルは、異様な気配に満ち満ち、こちらを安心させる説明を欠いていた。しかし、というべきか、だから、というべきか…一度見たら忘れられない。

チャップイ　チャップイ
どんとポッチイ

大日本除虫菊 金鳥どんと（1983年）○C ／堀井博次、徳永眞一郎、田井中邦彦

焼ビーフンに、
ピーマン、入れんといてや。
なあ。なぁーて。

ケンミン食品 焼きビーフン（1989年）○C ／山本良二

つまらん！

大日本除虫菊 水性キンチョール（2003年）○C ／山崎隆明、石井達矢

大学時代、それらの恐ろしいコマーシャルをつくっていた人が、同じグループであることを知った。驚いた。記憶の中に散らばった点の間に線が引かれた。

かっこええがな、と思った。

思えばあのとき、小学生の頃感染したウィルスが潜伏期間を経て発症したのかもしれない。ぼんやりしている間に就職活動期になり、不安ばかりの就職活動の末、僕はその人たちのいる会社からなんとか内定をもらうことができた。そして、そのグループの傍で広告をつくるようになった。

10年後、広告の仕事がなんとなくわかったような気になっていた頃、かの先輩らがつくった「つまらん」というセリフを聴いた。物騒な正論。そうだ、この不穏さに僕は憧れていたのだった、と思いだした。

今もそのフレーズは時折、僕の脳内から恫喝をしかけてくる。お前のつくる広告には、ちゃんと〝危なさ〟があるのか、と。

呪いは解けない。難儀なことに。

なおかわ・たかひさ　1972年生まれ。電通関西支社 クリエーティブディレクター／CMプランナー／コピーライター。主な仕事：キンチョールテレビCM「プィーン（香川照之）」、ラジオCM「金鳥少年」、グリコアーモンドピーク「マイクロズボラ（ロバート秋山）」、象印マホービン、関西電気保安協会など。劇団「満員劇場御礼座」所属。

つまらん！
お前の話は
つまらん！

大日本除虫菊（2003）　C／石井達也、山崎隆明　出演／滝秀治、岸部一徳

僕がナチュラルにキャッチされたコピー

鈴木拓磨

東京。銀座線渋谷駅。初めての独り暮らしと慣れない仕事と記録的な猛暑でヘロヘロになった僕の目は、頭に鉛筆を何本も挿した女の子と、そのコピーに釘付けになった。第42回宣伝会議賞のポスター。コピーのこともコピーライターという仕事のこともまるで知らない僕がナチュラルにキャッチされた瞬間だった。まさに惹句。とにかく話が早かった。初めて応募した宣伝会議賞の結果は散々だったけれど、このポスターとの出会いがなければ、このポスターの前で足を止めることがなければ、僕は今どこでなにをしているかわからない。

札幌。地下鉄大通駅。コピーライターをめざして勉強を始めたばかりの頃、本当にコピーライターになりたいのかどうか自問自答していた僕の前に現れた、着物姿でスッと立つ黒髪の土屋アンナと、そのコピー。長沼静きもの学院のポスター。一瞬で鷲づかみにされて、どうして鷲づかまれたのか知りたくて、広告制作の初歩的な知識を総動員して何度も深くうなずいた。今調べてみたら当時は「アンチエイジング」という言葉が流行した少し後というタイミングであった。ああ、やっぱりすげえやと深くうなずいた。

賞金つき賞賛あげます。

宣伝会議(2004年)○C／眞木準

どうしてもかなわない
80歳がいる。
それが、うれしい。

長沼(2008年)○C／こやま淳子

でっかいどお。北海道

全日本空輸(1977年)○C／眞木準

Takuma Suzuki

石狩。ライジング・サン・ロックフェスティバル。学生の頃から幾度となく足を運んできたその会場のステージで、だだっ広い空の下で、数多くのミュージシャンが叫んできた「北海道はでっかいどー」。ベタベタなMCに苦笑いしながらも北海道民としてはちょっと誇らしい気持ちになるそのフレーズのオリジナルがANAのキャンペーンのコピーだと知ったのはずいぶん後になってからのことだ。僕が生まれる前の広告。直接は見たことのない広告。コピーとしての本来の役目は既に終えているにもかかわらず今も生き生きと生き残っているその言葉の生き様に、いつも奮い立たされる。

今年、札幌と東京で新人賞をいただいた。コピーライターになって10年が経とうとしているときに、もう一度「新人」の気持ちになれた。なんという幸運だろう。

時と場所まで丸ごと記憶に残るコピー。受け手の文脈と分かち難く結びついてしまう言葉。そういうものを僕は書きたい。10年目の初心です。

すずき・たくま　T.C.P コピーライター。
1982年北海道小樽市生まれ、札幌市在住。芸能マネージャー、Webコンテンツ制作を経て現職。石屋製菓 ISHIYA GINZA 新聞広告「恋人は置いていきます。」「恋人は置いてきました。」で、2018年SCC新人賞・最高賞、TCC新人賞・審査委員長賞。

コピーは、強くすることもできるし、すべてを殺しもする。

渡邉千佳

実は…コピーライターを自覚できてまだ3年目ぐらいなのです。新入社員当時、名刺に入ってはいたけど、絶対になれないと思っていた。そんな自分が、なぜコピーライターを名乗れるようになったのかなと…。ああ、強制的にコピーを書く〝筋トレ〟が一因かもと。当時は「無理」「まじか」と思ったのですが、逆にコピーの素晴らしさを指で実感できた。その〝筋トレ〟で出会った名作の一部が、先の二本です。

九州時代、ある老舗和菓子屋の新作饅頭を某CDは手のひらに乗せ「ブッはキユーピーみたいにカッコよく撮るとして」「秋山さんみたいなの書いてよ」…。饅頭ですよ!?というツッコミは許されず『秋山晶全仕事』を読み砕き、出会った一本です。秋山さんのコピーは、距離をギューッと離しながら、スッと商品に落ちる…カッコいい！と震えました。ここから、対象とコピーの距離を意識するようになったと思います。どこまで離れて…どこで落とすか…案外近くても…ああ、ズレた〜…と、これは楽しい作業だ！と手を動かすのが苦じゃなくなりました。

考えてみれば、
人間も自然の一部なのだ。

キユーピーマヨネーズ(1972年)○C／秋山晶

きれいな人が、
本を読んでいた。

東日本旅客鉄道(1994年)○C／岡康道

オリンピックがなければ、
平凡な夏でした。

日本民間放送連盟(1997年)○C／小松洋支

二本目は、長崎バスのシナリオをどうナレ化する？　と、悩んでいたとき某CDが「岡さんのJR東日本のナレみたいなの書いてよ」…。CMの神様のナレを!?　…過去作品を、暗唱、写経、降りてこい〜と呪われたように書きました。このコピーは台詞の一説です。これは書けない！　と泣きました。コピーは、キャッチや、タグだけじゃない。切りとられた文脈のどこに、どう佇むかで、一瞬で世界観をつくることができる。無限の可能性を感じて、広告をもっと好きになりました。私にコピーの師匠はいません。でも年鑑には、いっぱいいます。数多の神々を勝手に師匠にさせていただき、タグラインとキャッチの文法、社会文脈との繋がりなどを感じて「今回のお題は○○さんの○○みたいなやつ…?」と恐れ多くも日々、壁打ちに励んでいます。

最後の一本は、今の心の師。素晴らしい企画にバチッと一本はいることで、CM全体の点数をこんなに上げることができるのかと、憧れの一本です。コピーは、強くすることもできるし、すべてを殺しもする。お得意様のお金を背負う、重い責任がある。そう肝に銘じて、また壁打ちに戻ります。

わたなべ・ちか　2010年電通入社。2016年、長崎バスのCMでTCC最高新人賞、グラフィックでTCC賞受賞。他、毎日広告デザイン賞優秀賞、FCC最高賞、CCN最高賞、広告電通賞OOH部門最優秀賞など。最近は「食べられてしまうので保冷材に擬態したアイス」を作ったり、土地が好きで、石見銀山大森町のHPを作ったり、猫と釣り人と総務課の研究をしたり…。山梨県出身。

熱い想いのベストアルバム

一倉 宏

たとえば、プロのミュージシャンたちの「中学生の時、ラジオから流れて衝撃を受けた曲」とか「私の運命を変えたその曲は」という話を聞くのは楽しい。本当に熱く語るからだ。一瞬で目の前の狭い世界が広がるような出来事。そして、好きで好きでたまらないということ。プロの話だけじゃないよね。音楽好きが、文学や映画好きが、その他なんでも好きな者同士が集まって、語り明かすような夜。そんな夜はいい。

この本はある意味で「名作コピー集」であるけれど、それだけじゃない意味がある。どんなコピーが、誰をどれだけ震わせたか。それだけでもなくて、悩ませたり苦しませたりしたか。羨望はエネルギーになるだろう。届かないという絶望も。それがなければ、いつか届きたいという希望も生まれないし、傍観者で終わるだけだから。そんな想いも、みんな率直に吐露している。コピーの「青春白書」みたいな面もある。

おそらく、と言うまでもなく、この本を手にするのは広告とコピーに関心を持つ人々だろう。プロのコピーライターたちが「衝撃を受けた」「運命を変えられた」、そこまで言わない人も「教えられた」「手本とする」コピーのアンソロジーになっているので、共同編集のベストコピー集としての価値も高い。でも、この本に教科書や参考書の類い以上の面白さがあるのは、先に挙げたような意味で、とてもとても人間臭い読み物になっているからに違いないと思うのだ。

それがどうしてか、には理由がある。単に名作コピーの解説だったら、こうは書かない。こんな話はしない。それは恥ずかしい初恋の話や、苦しい片想いの話に似ているから、じゃないかな。そう、これはそれぞれの世代のコピーライターが、恋した「名作コピー」に宛てての、いまだから書けるラブレター、そしてラブソング集なのだと思う。

それにしても。コピーライターの仲間たちは、みんなコピーが大好きなんだな。よくわかる。その仕事が、それに従事している人たちによって愛されているというのは、なんて幸せなことだろう。現実は、現状は大変なことばかりだけれども。それでもね。好きだからこそ。

＊

雑誌『ブレーン』に連載された、東京コピーライターズクラブのメンバーたちによる寄稿をまとめ、一冊の本となったのは嬉しい限りです。編集の求めに応じ、執筆者を代表して、あとがきに寄せて。

Copy selected by copywriter

そうだ京都、行こう。

東海旅客鉄道(1993)／太田恵美

触ってごらん、ウールだよ。

国際羊毛事務局(1981)／西村佳

地図に残る仕事。

大成建設(1992)／安藤寛志

恋は、遠い日の花火ではない。

サントリー(1995)／小野田隆雄

つまらん！ お前の話は つまらん！

大日本除虫菊(2003)／石井達矢、山崎隆明

コピーライターが選んだコピー

想像力と数百円

新潮社(1984)／糸井重里

近道なんか、なかったぜ。

サントリー(1988)／小野田隆雄

恋人は、しょせん　素人です

ヘルス東京(1999)／手島裕司

Think Different.

アップル(1997)／ TBWA /CHIAT /DAY

きょ年の服では、恋もできない。

三陽商会(1997)／眞木準

本書は、雑誌「ブレーン」２００８年５月号から、２０１８年11月号に連載された「名作コピーの時間」の内容を再編集し、本文とプロフィールに若干の加筆、修正をしたものです。

原稿の再掲載をご承諾いただいた執筆者の皆さま、広告画像の使用をご承諾いただいた広告主、クリエイター、制作会社の皆さまに、心よりお礼を申し上げます。

名作コピーの時間

2018年12月25日　初版第一刷発行

編　　者　宣伝会議書籍編集部
発 行 者　東彦弥
発 行 所　株式会社宣伝会議
〒107-8550
東京都港区南青山3-11-13
Tel. 03-3475-7670（販売）
Tel. 03-3475-3030（代表）
URL. www.sendenkaigi.com
装　　丁　寄藤文平＋吉田考宏（文平銀座）
印刷・製本　株式会社暁印刷

ISBN 978-4-88335-449-8